도쿄대 출신 킥 코치에게 배우는

축구, 올바른 킥 입문

다도코로 다케유키 지음 | **이지호** 옮김 | **조세민** 감수

한스미디어

머리말

　지금까지 Kicking lab의 킥 코치로 활동하면서 1,000명이 넘는 선수에게 킥을 지도해 왔다. 그동안 내가 지도한 선수들은 다양한 고민을 안고 있었는데, 대부분 킥에 관한 잘못된 인식에서 비롯된 것이었다.

　가령 강하게 슛을 하려면 무릎 아래 스윙이 빨라야 한다든지, 공을 찬 뒤에는 몸 전체가 앞으로 나아가야 한다든지 같은 것들이다. 현장에서도 이와 비슷한 이야기를 자주 들을 수 있는데, 실제 그런 자세로 킥을 하는 수준급 선수가 많은 것도 사실이다.

하지만 실력이 뛰어난 선수의 동작 중에서 겉으로 드러난 모습을 아무리 흉내 낸다고 해도 그 선수와 같은 실력을 발휘하는 건 불가능에 가깝다. 왜 그럴까? 눈에 보이는 현상 이면에는 그 현상을 뒷받침하는 전제가 반드시 존재하기 때문이다. 그러므로 킥 능력을 개선하려면 겉으로 봤을 때 중요해 보이는 포인트가 아니라 그 밑바탕에 깔려 있는 핵심을 확실히 이해하고 실행해야 한다.

그런 이유에서 킥에 대한 올바른 인식과 이론적 배경을 전하고자 이 책을 썼다. 이 책은 '이렇게 의식적으로 훈련하면 킥 실력을 반드시 향상시킬 수 있다!'가 아니라 '좋은 킥이란 무엇인지 이론적으로 탐구해 나가는 내용'으로 구성했다. 이론적으로 탐구한다고는 했지만 너무 어렵지 않게 그림과 사진을 곁들여가며 설명했으니 긴장을 풀고 편한 마음으로 읽어 줬으면 한다.

제1장에서는 킥을 이해하기 위해 필요한 지식과 개념을 정리해 소개했고, 제2장부터는 킥의 다양한 목적과 구종별로 중요한 포인트를 설명했다. 제1장을 처음 읽을 때는 어렵게 느껴지더라도 끝까지 읽은 뒤에 다시 읽어 보면 좀 더 깊이 이해할 수 있을 것이다. 이해가 잘 안 되는 부분은 적당히 건너뛰고 여러 번 읽으면서 천천히 이해해 나가기 바란다.

감수의 글

　현재 우리나라에 출판된 '축구 기술 서적'들 중 가장 많은 감수를 맡았다. 그만큼 축구 기술 서적이 많지 않기도 하거니와, 감사하게도 '한스미디어'에서 축구 기술 서적을 출판할 때마다 연락을 주시기 때문이다. 이 책은 내가 지금까지 감수 맡은 책들 중 가장 많은 감탄사를 연발하며 읽은 책이다. 그 정도로 '유니크'하고 '유레카'하다.

　축구의 기본 기술은 '드리블, 볼 컨트롤, 패스, 슈팅'으로 구성되어 있다. 이 중 드리블과 볼 컨트롤은 '볼을 소유하는 기술'이다. 그리고 패스와 슈팅은 '볼을 보내는 기술'이다. 이 책에서 이야기하는 '킥의 원리'는 4가지 축구의 기본 기술 중 2가지에 필요한 원리이다. 조금 포장하여 설명하자면, 축구 기술의 50%를 차지하고 있다 해도 과언이 아니다.

　축구 지도자로서 누워서 침 뱉는 격이지만, 부끄러운 이야기를 하나 하고자 한다.

축구선수 생활을 11년간 했다. 20명이 넘는 축구 지도자 은사님들을 만났는데 '킥의 원리'에 대해 가르쳐 주신 분이 한 분도 없었다.

"자세 낮춰!"
"고개 들지 마!"
"발목 펴!"

슈팅 훈련할 때 가장 많이 들었던 말들이다.

그 당시 은사님들께서는 이러한 외침이 '슈팅을 잘 가르치는 방법'이라고 생각하셨겠지만, 이것은 '킥의 원리를 잘 수행하지 못한 결과물에 대한 브리핑'이었다. '원인'이 빠진 결과에 대한 브리핑을 듣는 것만으로는 나의 슈팅 능력을 향상시키기 어려웠다.

"왜 자세를 낮춰야 하고, 현재 나의 자세는 어떠한지?"
"왜 고개를 들지 말아야 하고, 현재 나는 어떻게 하고 있는지?"
"왜 발목을 펴야 하고, 현재 내 발목의 상태는 어떠한지?"

내가 배웠어야 하는 것은 위와 같은 질문의 답이었다. 그런데 나는 이 답을 축구 지도자에게 배운 것이 아니라 스페인 유학 시절 취미로 했던 골프 지도자에게 배웠다.

스페인에서는 골프라는 스포츠가 노후를 위한 국민 스포츠이다 보니, 한국의 10분의 1도 안 되는 금액만으로도 골프를 배울 수 있었다. 그리고 그때 이 책의 저자가 말하는 '킥의 원리'와 비슷한 원리를 배울 수 있었는데, 나는 이것을 '스윙의 원리'라고 정의했다.

'골프 스윙의 원리'와 '축구 스윙의 원리'는 비슷한 메커니즘을 가지고 있다. 차이점이라고 한다면 골프는 골프채를 활용하고 축구는 사람의 다리를 활용한다는 점이다.

10년 넘게 축구 지도자 생활을 하면서, 미취학 아동부터 아버지뻘 되시는 성인분들까지 다양한 연령대분들께 축구를 가르쳤다.

- 발의 어느 부위에 맞춰야 원하는 킥이 가능한지 모르시는 분
- 임팩트할 때 임팩트되는 지점이 볼의 중심점 아래이신 분
- 볼의 중심점에 시각을 포커스한 상태에서 임팩트하지 못하시는 분
- 다리에 힘만 잔뜩 준 상태에서 볼을 차려고만 하시는 분
- 디딤 발을 어디에 두어야 할지 감을 못 잡으시는 분

같은 슈팅을 가르치더라도, 개개인마다 다른 문제점을 가지고 있다. 이 책은 개개인마다 다르게 나올 수 있는 문제점에 대한 답을 수십 가지의 예시를 통해 제시하고 있다. 그중 자신에게 필요한 정보를 수집해서 스스로 적용시켜 나간다면, 실력이 향상될 수밖에 없다.

처음 설명했던 것처럼, 이 '킥의 원리'를 통해 슈팅과 패스 실력을 향상시킬 수 있다면, 자신의 축구 실력을 두 배로 향상시킬 수 있게 된다. 이 책《축구, 올바른 킥 입문》이 그것을 도와 줄 것이다.

조세민

CONTENTS

제1장
킥에 관해 먼저 알아 둬야 할 지식

제2장
공의 속도를 높인다

제5장
무회전과 세로 회전

제6장
휘어지는 공을 차는 방법

제7장
낮은 탄도의 공을 차는 방법

제8장
두둥실 떴다가 떨어지는 공

제1장

킥에 관해
먼저 알아 둬야 할 지식

킥의 정의

킥이란 차는 발을 공에 충돌시키는 운동이다

다 양한 킥 방법을 논리적으로 설명하기에 앞서, 킥이란 어떤 동작인지 분명히 정의하고 넘어가도록 하겠다.

이 책에서는 "킥이란 공을 차는 동작이다."라는 가장 단순한 정의에서 한 발 더 나아가 **"킥이란 공과 차는 발의 충돌이다."**라고 정의하려 한다.

충돌 문제는 고등학교 물리 시험에도 단골로 출제되는데, 그 내용은 아주 단순하다. 가령 물체 A에 물체 B가 부딪치는 경우, 물체 B의 무게가 무겁거나 부딪치는 속도가 빠를수록 물체 A에 큰 힘이 가해져 빠르게 날아간다거나 물체 A와 물체 B의 운동 방향이 변하면 충돌 후에 각 물체의 운동 방향도 변한다는 식이다.

여기에서 우리는 **충돌 후의 움직임을 결정하는 요소는 충돌 순간에 벌어지는 두 물체의 움직임뿐이라는** 것을 기억해야 한다. 요컨대 충돌 직전까지 두 물체가 각각 어떻게 움직이고 있었든 부딪힌 순간의 움직임이 같다면 충돌 후 두 물체의 움직임은 똑같다는 말이다. 이를 킥에 적용하면, 공에 충돌한 후에 공의 움직임을 결정하는 요소는 임팩트 순간 공을 찬 발의 속도와 운동 방향이다.

다시 한번 강조하지만, 공의 움직임에 영향을 끼치는 것은 임팩트 순간 차는 발의 움직임뿐이다. 임팩트하기 전에 차는 발이 어떤 식으로 움직이든 공의 움직임에는 아무런 영향도 끼치지 않는다.

⟫⟫ 충돌 문제로 생각했을 때의 킥

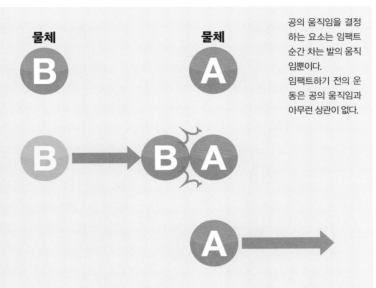

공의 움직임을 결정하는 요소는 임팩트 순간 차는 발의 움직임뿐이다.
임팩트하기 전의 운동은 공의 움직임과 아무런 상관이 없다.

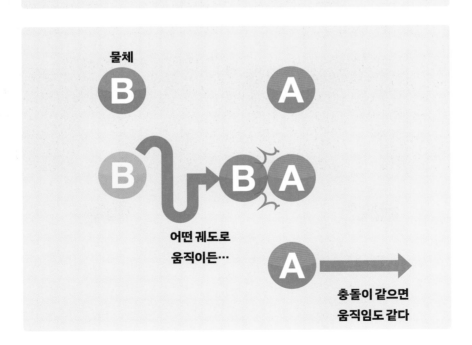

어떤 궤도로 움직이든…

충돌이 같으면 움직임도 같다

킥에 대한 올바른 개념

공에 가해야 하는 힘으로부터
거꾸로 계산해서 차는 자세를 생각한다

킥과 관련된 조언으로 자주 언급되는 것에는 '상체와 하체를 연동시켜서 사용한다.', '무릎 아래 스윙을 빠르게 한다.', '발의 특정 부분으로 공을 찬다.' 등

이 있다. 전부 공을 차는 선수의 동작에 관한 언급이다.

킥의 목적은 몸을 효과적으로 사용해서 깔끔한 자세로 다리를 휘두르는 것이 아니

⟫⟫⟫ 일반적인 접근법과 이 책의 접근법

일반적인 접근법

다. 자신이 의도한 궤도로 공이 날아가게 하는 것이 킥의 진짜 목적이다. 앞에서 이야기했듯이, **공의 궤도를 결정하는 요소는 임팩트 순간 차는 발의 움직임뿐이며 임팩트 이전의 킥 자세는 아무런 상관이 없다.** 이것이 정상급 선수라도 사람마다 킥 자세가 크게 다른 이유다. 임팩트까지의 과정이 어떻든 임팩트 순간의 운동만 같으면 되는 것이다.

역학적으로 생각하면, 운동은 힘이 가해지지 않는 한 변화하지 않기에 **공에 가해야 하는 힘으로부터 거꾸로 계산하는** 것이 매우 자연스러운 접근법이다. 그러나 자주 언급되는 일반적인 접근법은 이와 정반대로 신체를 효율적으로 사용한다는 관점에서 킥 자세를 생각하고 있다. 이와 같은 접근법의 차이 때문에 공에 올바르게 힘을 가하지 못해 의도한 궤도로 공을 차지 못하는 경우가 종종 있다. 이 책을 통해 독자 여러분이 킥의 올바른 개념을 제대로 파악한다면 저자로서 큰 보람일 것이다.

일반적인 접근법은 신체를 효율적으로 사용한다는 관점에서 이상적인 킥 자세를 결정한다. 반면 본질적인 접근법은 공에 가해야 하는 힘으로부터 거꾸로 계산해서 킥 자세를 결정하는 것이다.

거꾸로 계산한 접근법

공의 궤도를 결정하는 3요소

속도, 회전, 발사 각도가 공의 궤도를 결정한다

앞에서 이야기했듯이, 좋은 킥을 하려면 자신이 의도한 궤도로 공이 날아가도록 공에 힘을 가해야 한다. 그렇다 면 공에 어떻게 힘을 가해야 자신이 의도한 궤도로 공을 날릴 수 있을까? 그 포인트를 파악하기 위해 공의 궤도를 결정하는 요소

>>> 빠른 슛을 구성하는 요소   ※자세한 내용은 제2장 확인

① 속도 ▶▶▶ 최대

② 회전 ▶▶▶ 적음

③ 발사각도 ▶▶▶ 낮음

에 관해 생각해 보자.

이 책에서는 그 요소를 **속도, 회전, 발사 각도의 세 가지**로 정의한다. 이 가운데 속도와 회전은 여러분도 잘 알고 있었을 테지만, 발사 각도 역시 매우 중요한 요소다. 여기서 발사 각도는 아래 사진처럼 옆에서 바라봤을 때 공을 차는 순간 공의 궤도와 지면이 이루는 각도를 의미한다.

이 3요소를 조합해 다양한 공의 궤도를 실현할 수 있다. 가령 빠른 슛이 [속도: 최대], [회전: 적음], [발사 각도: 낮음]의 조합이라면 롱킥은 [속도: 대], [회전: 적당한 백스핀], [발사 각도: 높음]의 조합이라는 식이다. 이렇게 각각의 요소를 결정하는 요인을 알면 자신이 의도한 궤도로 공을 날리기 위해서는 공에 어떻게 힘을 가해야 하는지 이해할 수 있게 된다. 그러면 지금부터 각각의 요소를 결정하는 요인에 대해 구체적으로 살펴보자.

▷▷▷ 롱킥을 구성하는 요소 ※자세한 내용은 제3장 확인

① 속도 ▶▶▶ 대
③ 발사각도 ▶▶▶ 높음
② 회전 ▶▶▶ 적당한 백스핀

차는 발과 공이 접촉하는 위치만이 발사 각도를 결정한다

>>> **임팩트 위치와 발사 각도**

같은 방향으로 힘을 줬을 때 궤도의 차이.
파란색 화살표의 각도가 공의 궤도를 결정한다.

공의 아랫부분을 찬다

공의 아랫부분을 차면 공은 높게 떠
오른다.

공의 중심을 찬다

수평에 가까워지면 공의 궤도는 낮아
진다.

먼저 발사 각도에 관해 생각해 보자. 공의 아랫부분을 차면 공이 위로 떠오르는 경향이 있고, 윗부분을 차면 낮은 각도로 날아가며, 너무 윗부분을 차면 데굴데굴 굴러간다는 것은 여러분도 경험적으로 느꼈을 것이다. 이것을 역학적으로 정확히 표현해 보자. 결론부터 말하면, **공의 발사 각도는 오로지 공의 어떤 부분을 차느냐에 따라 결정된다.**

차는 발의 궤도와 공에 가하는 힘은 늘 수평 방향이며 차는 발과 공이 접촉하는 위치만 달라지는 경우를 생각해 보자. 그림은 공을 차는 방향을 옆에서 살펴본 것이다.

먼저 공의 아랫부분을 찰 경우를 생각해 보자. 발로 찬 공은 발사 각도 외에 속도와 회전이라는 두 가지 요소를 지니고 있는데, 각 요소에 기여하는 힘의 구성은 가한 힘의 화살표를 '공의 중심을 향하는 성분'과 '이와 직각을 이루며 교차하는 성분'으로 나눠야 구할 수 있다. 어렵게 느껴질지 모르지만, 그림을 보면 직감적으로 이해할 수 있을 것이다. **접촉점에서 공의 중심을 향하는 화살표의 각도가 발사 각도에 해당한다.**

공의 아랫부분을 차면 접촉점에서 공의 중심을 향하는 화살표가 대각선 위를 향하기 때문에 공이 위로 뜬다. 공을 차는 접촉점이 그보다 위로 올라갈수록 공의 궤도는 수평에 가까워지고, 중심보다 윗부분을 차면 공의 중심을 향하는 화살표가 아래를 향하기 때문에 이른바 땅볼이 된다는 것을 알 수 있다.

➡ **실제로 공에 가한 힘**

➡ **공의 궤도를 결정하는 성분**

➡ **공의 회전을 결정하는 성분**

공의 윗부분을 찬다

공의 중심보다 윗부분을 차면 공을 지면에 내리치는 형태가 된다.

공의 속도와 회전은 트레이드오프 관계

>>> 속도와 회전은 트레이드오프 관계

공에 가한 힘은 속도와 회전으로 분배된다. 공에 가하는 힘의 방향(빨간색 화살표의 방향)에 따라 회전과 속도의 비율이 결정된다. 힘의 방향이 공의 중심과 가까울수록 속도가 커지고, 멀수록 회전이 커진다.

속도 최대 · 회전 최소

속도 평균 · 회전 평균

속도와 회전에 관해 생각해 보기 위해 발사 각도를 생각했을 때와 같은 그림을 준비했다. 이번에는 공을 차는 위치를 공의 한가운데보다 약간 아래로 고정시키고 가하는 힘의 방향을 바꾸면서 비교해 보겠다.

각각에 대해 앞에서와 같은 방법으로 화살표를 그려보면, 앞에서 말했듯이 발사 각도는 전부 같다는 것을 알 수 있다. 한편 속도와 회전에 기여하는 성분의 화살표 크기를 비교해 보면, 공의 중심을 향해 힘을 가했을 때는 속도 최대, 회전 최소가 되며 중심에서 멀어질수록 회전이 증가하고 속도가 감소하는 것을 알 수 있다.

요컨대 공의 속도와 회전은 트레이드오프의 관계로, 속도가 증가하면 회전이 감소하고 회전이 증가하면 속도가 감소한다. 이 속도와 회전의 비율은 힘을 화살표로 표현했을 때 그 화살표가 공의 중심을 향하는 각도로부터 얼마나 벗어났느냐에 따라 결정되고, 벗어난 방향에 따라 회전의 방향도 결정된다. 현재는 옆에서 본 그림만 보면서 생각하고 있지만, 위에서 내려다본 그림을 생각하면 가로 회전에도 이 개념을 응용할 수 있다. 다시 말해 화살표가 공의 중심으로부터 가로 방향으로 벗어날수록 가로 방향의 회전이 증가하고 속도는 감소하게 된다.

➡ 실제로 공에 가한 힘
➡ 공의 궤도를 결정하는 성분
➡ 공의 회전을 결정하는 성분

속도 최소 · 회전 최대

회전에 따른 궤도의 변화

회전수와 속도가
궤도의 변화율을 결정한다

회전이 공의 궤도에 끼치는 영향은 마그누스 효과라고 부르는 유체역학 분야의 유명한 현상으로 설명할 수 있다. 마그누스 효과를 간략하게 설명하면, 공 주위의 공기 흐름이 변화하면서 기압 차이가 생김에 따라 진행 방향에 대한 수직 방향의 힘(양력)이 발생하는 것을 의미한다. 구체적으로는 백스핀(역회전)일 경우 떠오르는 방향으로, 톱스핀(순회전)일 경우 떨어지는 방향으로 양력이 작용한다. 가로 회전인 경우는 회전하는 방향을 향해 공이 휘어져 나아가도록 양력이 작용한다.

그리고 이 **회전으로 인해 작용하는 양력은 회전수가 증가할수록 커진다.** 그러므로 공에 변화를 주고 싶을 때는 회전수를 증가시키는 것이 하나의 방법이다. 가령 예리하게 휘어지는 프리킥을 차고 싶을 때는 공의 가로 회전수를 증가시키는 것이 올바른 선택으로 보인다. 다만 앞에서 이야기했듯이 회전수를 증가시키면 속도가 느려지기 때문에 공이 크게 휘어지기는 하지만 골키퍼에게 막히는 경우가 종종 생긴다.

그렇다면 속도를 높이고 가로 회전수를 줄이는 접근법을 선택했을 경우에는 공이 덜 휘어지게 될까? 반드시 그렇다고는 말할 수 없다. **마그누스 효과로 발생하는 양력은 회전수가 같더라도 속도가 빠를수록 크게 작용하기 때문**이다. 요컨대 회전수를 줄이더라도 그만큼 속도를 빠르게 함으로써 의도했던 변화를 줄 수 있다는 말이다. 그러므로 목적에 맞춰서 회전수와 속도를 조절할 필요가 있다.

⋙ 마그누스 효과가 만들어내는 궤도의 변화

백스핀일 경우

양력

유속이 빨라 압력이 낮아진다

공의 진행 방향

유속이 느려 압력이 높아진다

톱스핀일 경우

유속이 느려 압력이 높아진다

공의 진행 방향

유속이 빨라 압력이 낮아진다

양력

⫸⫸⫸ 킥 동작의 단계

① 도움닫기

② 차는 발에서 축발을 내딛는 마지막 한 걸음

단계별 킥 동작

도움닫기 ➡ 축발 내딛기 ➡ 축발 접지 ➡ 임팩트

공을 차기 위한 도움닫기부터 임팩트에 이르는 일련의 킥 동작의 중요한 단계들을 분석해 보자. 당연하게 느껴지지도 모르지만, 실제로 지도하는 선수에게 각각의 장면을 정의하게 하면 선수마다 생각이 달라서 그 선수가 어떻게 킥을 인식하고 있는지가 엿보인다. 다음의 설명을 이해하기 쉽도록 먼저 킥 동작에서 중요한 단계를 정의하고 넘어가도록 하겠다.

③ 축발 접지　④ 임팩트

① 도움닫기 → ② 차는 발에서 축발을 내딛는 마지막 한 걸음 → ③ 축발 접지 → ④ 임팩트

이 흐름을 파악한 상태에서 여러분이 지금까지 킥 지도를 받았을 때 들었던 조언이나 자신이 생각하는 포인트가 어떤 단계에 속하는지 생각해 보기 바란다. 공을 임팩트하는 방법이라든가 팔 또는 다리를 휘두르는 방식 등, 축발 접지 이후의 동작인 경우가 많지 않을까 싶다. 축발을 두는 위치나 차는 발에서 축발을 내딛는 한 걸음의 보

폭, 축발을 내딛는 방식, 그전의 도움닫기 등에 관해서는 명확한 이미지가 거의 없는 경우가 많다.

지금까지 여러 번 이야기했듯이, 킥 동작은 공에 가하는 힘에서 거꾸로 계산해서 접근해 나가야 한다. 출발이 잘못되면 그 뒤에 아무리 노력해도 원하는 궤도로 공을 날릴 수 없게 될 확률이 높다. **임팩트 순간만 목적에 합치하면 된다고 말하기는 했지만, 목적을 달성하기 쉽도록 그 전 단계를 제대로 구성해 놓는 것이 중요하다.**

접촉 시간과 공의 속도(가설)

공과 접촉하는 시간이 길어지면 공의 속도가 빨라진다?

앞에서 킥이란 공과 차는 발의 충돌이라고 정의하고, 충돌 후 물체의 움직임은 충돌 직전의 관계에 따라 결정된다고 이야기했다. 분명 맞는 말이지만, 조금 더 정확하게 표현하면 충돌 후의 궤도는 두 물체가 서로에게 주는 힘에 시간을 곱한 충격량이라는 값에 따라 결정된다고 할 수 있다.

요컨대 공과 차는 발이 충돌할 때 큰 힘을 주는 것뿐만 아니라 공과 차는 발이 접촉하는 시간을 늘려도 공의 속도를 높일 가능성이 있다는 말이다.

다만 주의해야 할 점이 있다. 접촉 시간이 길어진다는 것은 공의 변형이 커진다는 뜻이기도 하다. 공을 차는 순간을 찍은 사진을 보면 공이 크게 우그러든 것을 알 수 있다. 이러한 공의 변형으로 인해 차는 발에서 공에 전달한 에너지 중 일부는 잃어버리게 된다. 이 변형으로 인해 잃어버리는 에너지와 접촉 시간이 길어지면서 증가하는 충격량은 서로 정반대의 영향을 끼치기 때문에 어느 쪽의 영향이 더 큰가에 따라 결과가 달라진다.

다만 내게는 이를 구체적으로 계산할 능력이 아직 없으며, 이에 관한 연구 결과도 찾지 못했다. 그래서 어디까지나 가설로서 소개하고 넘어가도록 하겠다.

≫≫ 임팩트 순간의 공의 변형

발로 공을 임팩트하면 공은 크게 우그러든다. 접촉 시간이 길어지면 공을 가속시키는 힘은 커지지만, 공이 변형되면서 잃어버리는 에너지도 생각해야 한다.

정리 ✍

공의 궤도를 결정하는 3요소

1. 속도   2. 회전

➔ 공에 가해지는 힘의 화살표가 공의 중심으로부터 얼마나
벗어나느냐에 따라 두 요소의 비율이 결정된다

3. 발사 각도

➔ 오로지 공의 어떤 위치를 발로 차느냐에 따라 결정된다.

➤ 실제로 공에 가한 힘
➤ 공의 궤도를 결정하는 성분
➤ 공의 회전을 결정하는 성분

제 2 장

공의 속도를 높인다

공의 속도를 최대화하려면?

차는 발을 최대한 가속시킨다
+차는 발을 '무겁게' 만든다

이 책에서는 킥을 공과 차는 발의 충돌로 정의했다. 그러면 먼저 충돌의 관점에서 어떻게 해야 속도가 빠른 공을 찰 수 있을지 그 방법을 생각해 보자.

제1장에서도 이야기했듯이, 빠른 물체 혹은 무거운 물체를 충돌시키면 충돌의 대상이 된 물체를 더욱 가속시킬 수 있다. 그러므로 **차는 발을 최대한 가속시키는 동시에 '무거운' 상태로 만들어 충돌시키면 공의 속도를 높일 수 있다.** 여기에서 차는 발을 가속시키는 것은 이해하는 데 어려움이 없다. 하지만 발의 중량이 변할 리가 없는데, 차는 발을 어떻게 '무겁게' 만들어야 하는지 궁금할 것이다. 이에 관해서는 이 장의 후반부에서 자세히 설명하겠다.

또한 힘을 가하는 방식에 관해서도 생각해 보자. 제1장에서 회전과 속도는 트레이드오프의 관계이기 때문에 속도를 최대화하려면 회전을 줄여야 한다고 이야기했다. 요컨대 이론적으로는 **임팩트 순간의 차는 발의 속도가 같을 경우 회전하지 않는 공이 가장 빠르다**는 결론이 나온다. 따라서 노리는 발사 각도에 상응하는 공의 위치를 고려해서 힘의 방향이 최대한 공의 중심을 향하도록 찰 필요가 있다(18페이지의 그림을 생각하자).

이 장에서는 공에 힘을 가하는 방법과 회전은 무시하고 차는 발을 최대한 가속시키는 방법, 차는 발을 '무겁게' 만드는 방법을 설명하겠다.

≫≫ 충돌 후 물체의 속도를 결정하는 요인

물체

B

물체

A

어떤 물체를 가속시키려면 빠른 물체 혹은 무거운 물체를 충돌시켜야 한다.

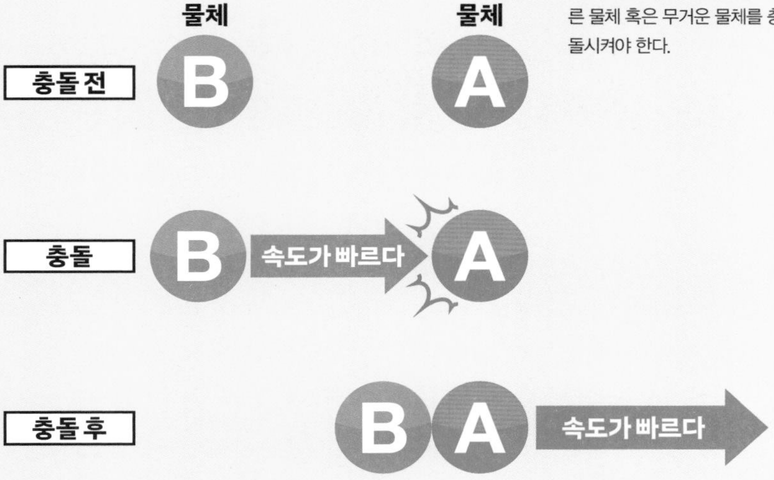

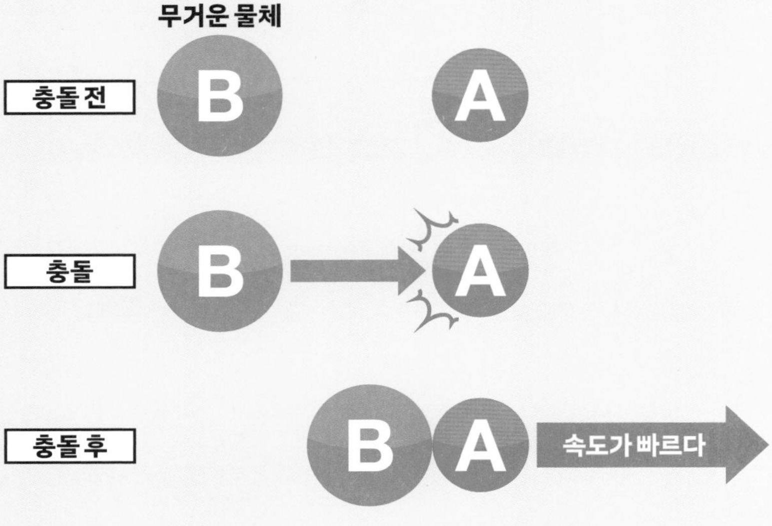

충돌 전

충돌   B   속도가 빠르다 → A

충돌 후   B A   속도가 빠르다 →

무거운 물체

B

A

충돌 전

충돌   B → A

충돌 후   B A   속도가 빠르다 →

차는 발을 가속시키는 방법 ①

도움닫기로
큰 에너지를 만들어낸다

앞에서 이상적인 킥을 하려면 공에 가해야 하는 힘으로부터 거꾸로 계산해야 한다는 이야기를 했다. 여기에서

는 일단 공에 가하는 힘은 무시하고 킥 동작을 시간의 흐름에 따라 살펴보면서 포인트를 정리해 나가도록 하겠다.

GOOD 도움닫기로 큰 에너지를 만들어낸다

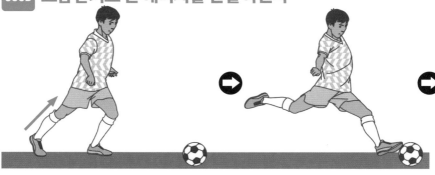

BAD 근육에 의존하는 도움닫기

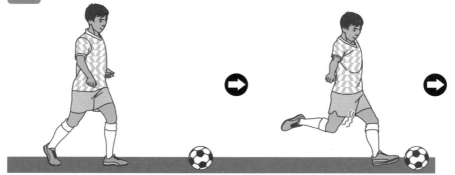

가장 먼저 살펴볼 것은 최초의 도움닫기다. 차는 발을 가속시킨다는 것은 바꿔 말하면 차는 발의 에너지를 높은 상태로 만든다는 뜻이다. 이를 위해서는 먼저 어떻게든 큰 에너지를 만들어내야 한다. **에너지를 만들어내는 방법에는 크게 두 종류가 있다. '지면을 누름으로써 얻는 방법'과 '근육을 사용해 몸속에서 만들어내는 방법'이다.** 당연히 두 방법 모두 최대한 효과적으로 활용해야 한다. 특히 전자를 효과적으로 활용할 수 있느냐 없느냐는 기술에 따라 큰 차이가 벌어질 수 있다. 지면을 누름으로써 에너지를 만들어내는 방법이 바로 도움닫기다.

실제로 킥을 지도하다 보면, 특히 축구를 처음 시작한 아이들은 도움닫기 에너지가 부족한 상태에서 억지로 몸의 힘을 사용해 공을 차는 바람에 킥의 위력이 떨어지는 경우가 많았다. 어느 정도 숙련된 선수도 도움닫기의 가속 능력을 높이면 킥 능력을 향상시킬 수 있다. 이에 관해서는 다음 항에서 자세히 설명하겠다.

지면으로부터 효율적으로 힘을 얻어서 에너지를 만들어낸다.

불필요하게 힘을 주는 동작이 이어진다. 겉으로 봐도 동작이 부자연스러워지기 쉽다.

축발을 내딛는 한 걸음만으로 좋은 효율로 몸을 가속시킨다

도 움닫기로 큰 에너지를 만들어낸다거나 도움닫기로 충분한 속도를 얻는다고 말하면 '경기 중에는 그럴 만한 공간도 시간도 없다.'라고 생각할지도 모른다.

여기에서 말하는 도움닫기를 통한 가속은 몇 미터나 되는 거리를 전속력으로 달리는 것이 아니라 **차는 발에서 축발을 내딛는 마지막 한 걸음의 속도를 최대한 빠르게 하**

BAD 필요 이상으로 많이 걷는 도움닫기

GOOD 한 걸음만으로 효율 좋게 가속하는 도움닫기

는 것을 가리킨다.

물론 긴 거리를 달려와서 마지막 한 걸음을 내딛는 것이 가장 간단한 방법이지만, 같은 수준으로 가속하기 위해 필요한 공간과 시간을 줄일 수 있다면 킥 능력을 상당히 효과적으로 향상시킬 수 있다. 킥 능력은 가속 능력과 밀접한 관계가 있기 때문이다. 가령 공을 살짝 옆으로 옮긴 다음 곧바로 슛을 할 때, 일류 선수는 한 걸음 만에 즉시 슛 자세에 들어가지만 수준이 떨어지는 선수는 무의식중에 그 자리에서 두세 걸음을 걷는 경우가 종종 있다. 트래핑을 한 뒤 빠르게 공을 차기 위해 단시간에 공을 차는 훈련을 무작정 반복하는 선수를 자주 보는데, 본질적인 문제는 가속 능력이 결여되어 있거나 가속하기 용이한 자세를 만들지 못하는 것이다. 그러므로 킥 능력을 향상시키고자 한다면 기본적인 가속에 초점을 맞추는 편이 더 효과적이다.

가속 능력이 결여되어 있어 충분한 에너지를 만들어내는 데 시간이 걸린다.

한 걸음만으로 좋은 효율의 에너지를 만들어 냄으로써 재빨리 슛을 할 수 있다.

축발로 제동을 걸어 에너지를 전달한다

빠른 공을 차려면 차는 발의 에너지를 크게 만들어야 한다. 따라서 도움닫기를 해서 에너지를 만들어냈다면 그 에너지를 차는 발로 이동시킬 필요가 있다. 그러려면 먼저 몸을 축발로 정지시켜야 하는데, 이때의 포인트가 관성의 법칙이다. 지하철이나 자동차를 타고 있을 때 평범하게 달리는 동안에는 딱히 아무 일도 일어나지 않지만 급제동을 한 순간 몸이 앞으로 크게 밀리는 현상을 킥에 이용하는 것이다.

즉, **움직이고 있는 신체의 축발 쪽을 급제동해서 차는 발 쪽의 몸이 앞으로 내던져지는 형태를 만드는** 이미지다. 조금 더

구체적으로 말하면 이렇다. 축발과 차는 발을 연결하고 있는 것은 골반인데, 이 골반을 통해서 에너지의 전달이 일어난다. 그래서 축발 쪽의 골반을 급격히 정지시키면 반대쪽, 즉 차는 발 쪽의 골반이 앞으로 나오듯이 크게 가속된다.

축발로 제동을 걸면 기껏 만들어낸 에너지가 감소해 버려서 아깝다는 생각이 들지도 모르지만, 실제로는 **몸의 일부를 정지시킴으로써 다른 부위가 가속되는 현상이 일어나는 것이다.** 이처럼 가속시켰다가 정지시키는 과정을 반복하면 최종적으로 차는 발을 최대한 가속시킬 수 있다.

>>> 관성의 법칙: 지하철이 갑자기 멈췄을 때

지하철이나 자동차에 타고 있을 때 급제동이 걸리면 몸은 진행 방향으로 밀리게 된다.

>>> 축발의 제동에 따른 골반의 움직임

축발로 급제동을 걸면 차
는 발 쪽의 골반이 앞으로
나오듯이 가속된다.

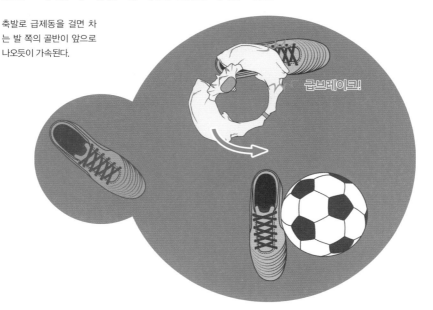

축발의 정강이를 뒤로 기울여서 뒤쪽 방향으로 지면을 누른다

그렇다면 어떻게 해야 축발로 몸을 정지시킬 수 있을까? 움직이는 물체를 정지시키는 일반적인 방법은 진행 방향과 반대 방향의 힘을 가하는 것이다. 요

컨대 축발로 몸을 정지시키려면 축발로 뒤쪽 방향의 힘을 발생시킬 필요가 있다. 앞에서 가속에 관해 설명할 때 지면을 누름으로써 만들어내는 힘을 활용하는 것이 중요

GOOD 효율적으로 감속할 수 있는 축발의 정강이 각도

정강이가 뒤쪽으로 기울어지면 지면으로부터 받는 힘의 방향이 진행 방향과 정반대가 된다.

하다고 말했는데, 이번에도 마찬가지로 축발로 지면 뒤쪽 방향을 향해 누름으로써 몸에 제동을 거는 것이 중요하다.

이때 포인트가 되는 것이 축발의 정강이 각도다. 지면으로부터 받는 힘의 방향은 기본적으로 정강이 각도와 일치한다고 봐도 무방하므로, **축발의 정강이를 뒤쪽으로 기울이면 지면으로부터 뒤쪽 방향의 힘을 받기가 쉬워져서 효율적인 감속이 가능해진다.** 실제 경기에서는 킥을 할 때 도움닫기 방향과 공을 차내는 방향이 다른 경우도 많

은데, 이 경우에는 앞 방향의 움직임뿐만 아니라 옆 방향의 움직임도 정지시켜야 한다. 따라서 옆 방향의 움직임에 대해 진행방향과 반대 방향으로 힘을 줘야 하기 때문에 축발을 비스듬하게 옆으로 기울이게 된다. 앞에서 가속 능력이 킥 능력에 영향을 끼친다고 말했는데, 감속 능력은 그 이상으로 중요하다. 킥 능력을 높이려면 자잘한 기술적 문제를 논하기에 앞서 기본적인 가속·감속 능력을 반드시 길러야 한다.

BAD 감속이 어려운 축발의 정강이 각도

축발의 정강이가 앞쪽으로 기울어지면(무릎이 앞으로 나오면) 지면으로부터 받는 힘이 브레이크 역할을 하지 못하기 때문에 근육을 사용해서 억지로 멈춰야 한다.

축발의 브레이크는 임팩트의 질을 향상시키는 데도 공헌한다

축발로 몸을 정지시키는 것에는 차는 발의 가속으로 이어진다는 것 외에도 또 다른 이점이 있다. 임팩트의 질을 향상시킬 수 있다는 점이다.

좋은 임팩트를 위해서는 공의 위치를 정확히 파악하고 그 위치에 맞춰 차는 발을 휘둘러야 한다. 그렇게 하려면 공을 확실히 볼 필요가 있다. 가령 야구의 타격 장면을 생각해 보자. 나는 야구에 관해서는 문외한이지만, 야구 연습장에서 시속 100킬로미터 정도의 공은 칠 수 있다. 이때 나는 당연히 타석에 멈춰 선 채로 타석 쪽을 향해 날아온 공을 배트로 때린다. 그런데 날아오는 공을 향해 달려가면서 배트를 휘

두른다면 어떻게 될까? 상대적으로 공의 속도가 빠르게 느껴지기도 하겠지만 공을 안정적으로 포착하기 어려운 탓에 공을 맞히지 못할 확률이 높아질 것이다. 이는 타석에서 폴짝폴짝 점프를 하면서 치는 경우도 마찬가지다.

이처럼 공을 잘 치기 위해서는 공을 안정적인 시선에서 바라보는 것이 매우 중요하다. 마찬가지로 축발로 신체를 고정시키지 않으면 몸이 앞으로 흐르면서 공을 차게 되는데, 이런 경우 투수를 향해 달리면서 공을 배트에 맞히려는 것과 같아서 임팩트의 질이 하락할 수밖에 없다.

시선의 안정성과 임팩트의 질

공을 안정적으로 바라보지
못하면 임팩트의 질이 크게
저하된다.

≫≫ 축발의 브레이크를 통한 에너지 전달의 효율화

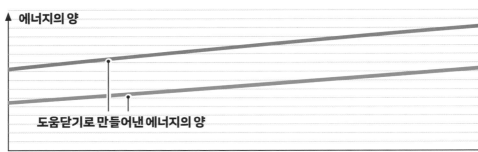

에너지의 양

도움닫기로 만들어낸 에너지의 양

전력 질주로 도움닫기를 하면서 공을 차는 상황을 생각해 보자. 실제 경기에서는 불가능한 긴 거리를 도움닫기하면서 공을 차면 생각보다 공의 속도가 나지 않거나 제대로 임팩트하지 못하는 경우가 대부분이다.

이에 대해 도움닫기로 큰 에너지를 만들어내는 것이 차는 발의 가속이나 공의 속도

도움닫기로 에너지를 만들어내더라도 전달하는 효율이
떨어지면 결과적으로 공에 전달되는 에너지가 작아진다.

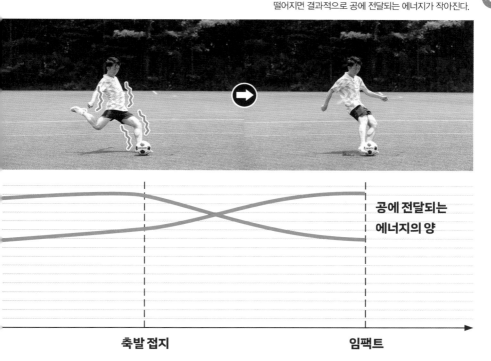

공에 전달되는
에너지의 양

축발 접지   임팩트

로 이어진다는 지금까지의 설명과 모순된
다고 느낄 수 있다. 하지만 차는 발의 가속
과 공의 속도는 축발의 제동 능력과 관련이
있다. 전력 질주하는 몸을 축발의 브레이크
로 완전히 정지시키지 못하면 도움닫기로
만들어낸 에너지 중에서 차는 발로 이동하
는 양이 감소하면서 애초에 차는 발이 제대
로 가속되지 않는 현상이 발생할 수 있다.
또한 제동이 제대로 걸리지 않는 바람에 앞
에서 이야기한 것처럼 올바른 위치를 임팩

트하지 못한 결과 공의 속도가 더욱 감소할
가능성도 있다. 그러므로 **축발의 제동 능력
이 허용하는 최대한의 에너지를 도움닫기
로 만들어낸 상태에서 확실하게 몸을 정지
시켰을 때 공의 속도가 최대화된다**고 할 수
있다.

즉, 축발의 제동 능력을 높이면 도움닫
기로 만들어낼 수 있는 에너지를 늘리는 효
과가 있기 때문에 킥 능력을 향상시킬 수
있다.

일류 선수의 축발은 가속 장치?

반드시 축발로 제동을 건 뒤에
몸이 앞으로 나간다

실제로 지도하고 있는 선수에게 축발을 몸을 정지시키기 위해(제동 장치) 사용하는지 앞으로 가속하기 위해(가속 장치) 사용하는지 물어보면 대부분 가속에 사용한다는 식으로 대답한다. 여기까지 읽은 독자 여러분 중에도 왜 축발을 제동 장치로 사용하는지 여전히 이해하지 못하는 사람이 있을 것이다.

⋙ 케빈 더 브라위너의 킥 자세

축발을 접지하는 순간의 정강이 각도를 보면 항상 뒤로 기울어져 있다.

아마도 그것은 실제 이상적인 킥을 하는 일류 선수들이 공을 찬 뒤에 앞으로 달려 나가는 것처럼 보여서가 아닐까 싶다. 분명히 공을 찬 뒤에 몸이 앞으로 나가는 경우가 많은데, 이는 **축발로 제동을 걸어 몸을 확실히 정지시킨 상태에서 차는 발을 끝까지 휘두른 결과 몸이 차는 발에 이끌려 앞으로 나가기 때문에 일어나는 현상이다.** 축발로 제동을 걸지 않아서 몸이 앞으로 흘러나가는 동작과는 본질적으로 다르다.

실제로 일류 선수들이 축발을 접지할 때 차는 발의 정강이 각도를 살펴보면 도움닫기를 하는 방향과 반대 방향으로 기울여서 속도를 줄이는 쪽으로 힘을 내고 있음을 알수 있다.

이처럼 외견상 보이는 현상과 실제로 일어나고 있는 현상이 다른 경우가 종종 있다. 그렇기 때문에 역학적으로 올바른 지식을 갖추는 것이 매우 중요하다.

축발을 사용한 제동은 일류 선수의 킥에서 반드시 공통된 요소다.

차는 발 쪽의 골반을 끌어올려서 회전이 잘되는 상태를 만든다

⟩⟩⟩ 골반을 끌어올리는 연습

몸이 옆으로 기울어지지 않게 하고, 다리도 옆으로 벌리지 않으면서 발바닥을 지면으로부터 최대한 높이 올린다.

몸이 옆으로 기울어지지 않게 한다

다리를 벌리지 않는다

높이 올린다

도 움닫기로 만들어낸 에너지는 축발을 이용한 감속을 통해 골반을 거쳐 차는 발 쪽으로 증폭되어 전달된다.

골반에서의 에너지 증폭을 최대화하려면 골반이 회전하기 쉬운 상태를 만들어야 한다. **골반이 회전하기 쉬운 상태란 차는** **발 쪽의 골반이 올라간 상태, 즉 축발 쪽에** **비해 차는 발 쪽의 골반이 높아진 상태를** 말한다. 반대로 차는 발 쪽의 골반이 낮은, 이른바 골반이 내려간 상태가 되면 골반이 잘 회전하지 않는다. 이는 실제 몸을 움직여 보면 실감할 수 있으니 꼭 확인해 보기 바란다.

포인트는 똑바로 선 상태에서 몸을 좌우로 기울이거나, 다리를 벌리거나, 무릎을 굽히지 않고 발바닥을 지면으로부터 최대한 높이 올리는 것이다. 외발서기 상태에서는 이 자세를 어렵지 않게 유지할 수 있지만, 이 상태에서 점프를 하면 착지할 때의 충격을 견디면서 자세를 유지하기가 조금 어려울 것이다. 실제 킥 동작에서는 상당한 속도로 나아가는 몸을 한쪽 발로 정지시키는 충격을 견뎌야 하기 때문에 골반 상태를 유지하기가 훨씬 어려워진다. 킥 실력을 향상시키기 위해서는 이러한 트레이닝도 필요하다.

차는 발을 곧게 휘두를 공간을 확보할 수 있다

차는 발 쪽의 골반이 내려가지 않도록 끌어올리는 것에는 또 다른 이점이 있다. **차는 발을 곧게 휘두를 공간을 확보할 수 있다**는 점이다.

인스텝 킥의 경우, 차는 발의 발목을 쭉 뻗은 상태에서 공을 임팩트하게 된다. 그래서 축발을 공의 바로 옆에 뒀을 경우 다리 길이에 차는 발의 길이가 추가되기 때문에 차는 발을 평소처럼 휘두르면 발끝이 지면에 박히는 상황이 발생한다. 이런 상황을 피하고자 공을 축발로부터 옆 방향으로 조금 멀리 떨어트리거나 축발을 비스듬하게 기울이는데, 이러면 차는 발을 바깥쪽으로 벌려야 하기 때문에 골반이 잘 회전하지 않

⋙ 차는 발이 땅에 박힌다

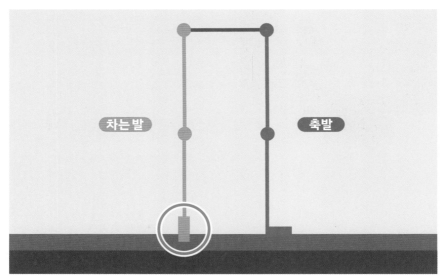

차는발   축발

게 된다.

이는 피겨스케이팅의 고속 스핀을 생각하면 이해하기 쉽다. 팔을 바깥쪽으로 크게 벌리고 있을 때는 천천히 회전하지만, 팔을 접어서 몸에 가깝게 붙이면 회전이 급격히 가속된다. **회전축과 가까운 위치에 몸을 집중시키면 효율적인 회전이 가능해지는** 것이다.

킥을 할 때의 골반 회전은 골반을 끌어올림으로써 가능해진다. 골반을 끌어올리면 차는 발의 발목을 뻗기 위한 공간을 확보할 수 있어서 공과 가까운 곳에 축발을 지면과 수직으로 둔 상태, 즉 차는 발을 바깥쪽으로 벌리지 않은 상태에서도 지면에 박히는 일 없이 휘두를 수 있으며, 이런 움직임이 효율적인 가속에 도움을 준다.

>>> 골반을 끌어올려서 공간을 만든다

효율적으로 가속할 수 있다.

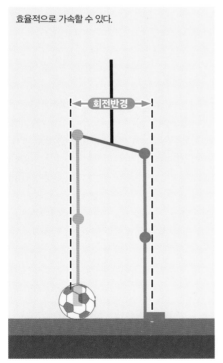

>>> 축발을 공과 멀리 떨어트려서 공간을 만든다

효율적으로 가속하지 못한다.

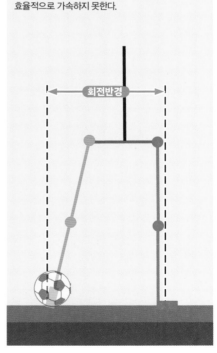

중심에서 말단으로 에너지를 전달하는 채찍 동작을 이용한다

축 발을 이용한 제동에 관해 설명할 때 가볍게 언급한 것처럼, 몸의 일부를 급격히 정지시킴으로써 다른 부위를 가속시킬 수 있다. 채찍을 쥔 손을 급격히 정지시키면 손과 가까운 부분에서 먼 부분으로 에너지가 전달되어 최종적으로 끝부분이 최대로 가속되는 채찍의 특징과 유사하기 때문에 이 같은 동작을 채찍 동작이라고 부른다.

채찍 동작을 킥으로 치환하면, **몸의 중심과 가까운 골반에서 차는 발의 고관절, 무릎관절의 순서로 정지시킴으로써 말단 부위인 차는 발을 최대로 가속시킬 수 있다.**

관절의 운동을 만들어내는 힘에는 두 종류가 있다. 하나는 근육이 수축함으로써 능동적으로 발생하는 힘이고, 다른 하나는 근육이 힘을 발휘하느냐의 여부와 상관없이 근육이나 힘줄의 수동적인 움직임을 통해서 발생하는 힘이다. 채찍 동작을 이용해 말단 부위(차는 발)를 가속시키려면 이 두 가지 힘 중에 후자, 즉 수동적으로 발생하는 힘을 이용하는 것이 중요하다.

간단히 말하면 불필요한 힘을 없애야 하는데, 힘 빼는 것을 너무 의식하면 모든 출력을 떨어트릴 수 있으니 주의하자. 앞서 이야기했듯이 킥의 에너지원은 도움닫기와 축발을 이용한 제동이다. 따라서 다리를 휘두를 때는 너무 힘을 주지 않는 것이 효과적인 접근법이다.

▶▶▶ 채찍 동작의 이미지

중심부 ①에서 말단 부위 ③으로 에너
지가 흘러감에 따라 말단 부위가 최대
로 가속된다.

무릎 아래 스윙을 의식하면 에너지의 자연스러운 전달이 저해된다

빠른 공을 차기 위한 방법으로 자주 이야기되는 포인트가 무릎 아래 스윙을 빠르게 하라는 것이다. 분명히 여러 연구 데이터를 봐도 공의 속도가 빠를수록 무릎 아래 스윙이 빠른 경향이 있는 것은 맞다. 하지만 그렇다고 무작정 무릎 아래 스윙을 빠르게 하라고 강조하는 것은 오히려 역효과를 부를 수 있다.

앞 페이지에서도 이야기했지만, **차는 발을 최대로 가속시키기 위한 포인트인 채찍 동작을 실현하려면 불필요한 힘을 사용하지 않으면서 에너지의 자연스러운 흐름을 저해하지 않는 것이 매우 중요**하기 때문이다.

물론 채찍 동작과 함께 무릎 아래 스윙에 관여하는 근육을 적절한 타이밍에 활동시킨다면 무릎 아래 스윙이 최대로 가속될 거란 예측이 가능하지만, 무릎 아래 스윙을 지나치게 강조하는 지도는 그 타이밍을 흐트러트리는 결과로 이어질 위험성이 크다. 특히 포워드는 골대 앞에서 짧은 시간 안에 슛을 하기 위해 무릎 아래를 빠르게 휘두르는 방법으로 간결한 슛을 시도할 때가 많다. 물론 이렇게 하면 겉으로는 간결해 보인다. 하지만 실제로는 중심부에서 에너지를 만들어내는 단계를 빠르게 하는 채찍 동작을 사용할 때가 더 짧은 시간 내에 효율적인 킥을 할 수 있는 경우가 더 많다.

BAD 무릎 아래 스윙을 지나치게 강조한 킥

무릎 아래를 빠르게 휘두르는 데 너무
집중하면 타이밍이 흐트러진다.

GOOD

차는 발에 힘을 가해도 잘 움직이지 않는 상태

지금까지 빠른 공을 차기 위한 하나의 접근법으로서 차는 발의 속도를 최대화하는 방법에 관한 포인트를 소개했다. 지금부터는 킥을 충돌의 문제로 파악함으로써 도출된 또 하나의 접근법인 차는 발을 '무겁게' 만드는 것에 관해 이야기하려 한다.

차는 발을 무겁게 만든다든가 공에 체중을 싣는다든가 하는 표현을 지도 현장에서 자주 듣는다. 이때 무겁게 만든다거나 체중을 싣는다는 말은 대체 무엇을 가리키는 것일까? 당연한 말이지만 차는 발의 무게는

>>> 잘 움직이지 않는 상태에서의 임팩트

GOOD

발목을 고정시켜 잘 움직이지 않는 상태에서 공을 임팩트하면 강한 공을 찰 수 있다.

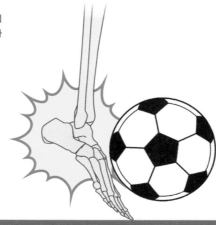

늘 일정하다. 공 위에 발을 올린다면 체중을 실을 수 있겠지만 이 표현의 실제 의도는 그런 것이 아닐 것이다.

이 표현들을 엄밀히 논하기 위해 역학에서 기본 중의 기본이라고 할 수 있는 운동 방정식을 떠올려 보자. 운동 방정식은 $F=ma$로 표현되는데, 여기에서 m은 질량 혹은 무게라고 배운 사람이 대부분일 것이다. 그러나 이 운동 방정식에서 m은 엄밀히 말하면 관성 질량으로 정의된다. 이는 간단

히 말하면 힘을 가했을 때 잘 움직이지 않는 정도를 나타내는 지표라고 할 수 있다.

앞에서 충돌 후의 물체를 가속시키기 위해서는 무거운 물체를 충돌시키면 된다고 했는데 정확하게는 질량이 큰 물체, 즉 힘을 가해도 잘 움직이지 않는 물체를 충돌시키는 것이 중요하다. 요컨대 킥에서 차는 발을 무겁게 만든다는 말은 '차는 발에 힘을 가해도 잘 움직이지 않는 상태에서 공을 임팩트한다.'라는 의미가 된다.

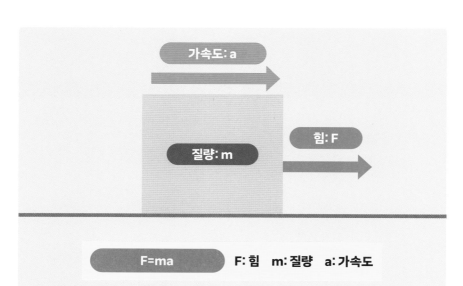

가속도: a

질량: m

힘: F

F=ma   F: 힘   m: 질량   a: 가속도

이 방정식을 간단히 설명하면

'질량 m'인 물체에 '가속도 a'를 작용시키려면 '힘 F'가 필요하다.
'질량 m'인 물체에 '힘 F'가 작용하면 '가속도 a'가 발생한다.

발목을 완전히 뻗는다
+축발 쪽의 골반이 높은 상태를 만든다

>>> **발목을 완전히**
뻗은 상태로 임팩트

발목은 임팩트할 때 공으로부터 충격을 받는다. 이때 발목을 완전히 뻗은 상태라면 충격을 받아도 발목이 움직이지 않는다.

>>> **발목을 완전히**
뻗지 않았을 경우

발목이 움직일 여지가 있기 때문에 임팩트 순간의 충격으로 발목이 흔들리고 만다.

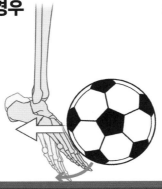

그렇다면 어떻게 해야 차는 발에 힘을 가해도 잘 움직이지 않는 상태를 만들 수 있을까?

첫 번째 포인트는 발목을 완전히 뻗은 상태에서 공을 임팩트하는 것이다. 인스텝 킥의 경우 발목을 완전히 뻗은 상태에서 공을 임팩트해서 큰 힘을 가하는데, 작용 반작용의 법칙에 따라 차는 발도 공으로부터 같은 힘을 받는다. 임팩트 순간 발목이 완전히 뻗은 상태가 아니라서 아직 더 뻗을 여지가 남아 있다면 충격으로 발목이 움직일 수도 있기 때문에 '무거운' 상태를 만들었다고는 할 수 없다. 그러므로 발목을 완전히 뻗어 충격을 받아도 더 뻗지 않는 상태에서 임팩트하는 것이 중요하다.

두 번째 포인트는 축발 쪽의 골반이 올라간 상태를 만드는 것이다. 즉, 골반이 잘 회전할 수 있게 하기 위해 만들었던 골반의 상태와는 기울기가 정반대다. 이때 차는 발 쪽 엉덩이의 바깥쪽 근육(중둔근)이 딱딱해져서 골반과 차는 발이 단단하게 고정된 상태가 완성된다. 이 상태에서 차는 발에 힘을 가해 보면 차는 발이 잘 움직이지 않음을 알 수 있다. 골반과 차는 발의 뼈를 근육으로 단단하게 고정시키는 이미지다.

이와 같은 사실에서, 임팩트하는 순간에 발목과 무릎을 완전히 뻗고 축발 쪽의 골반이 올라간 상태를 만들면 무거운 물체를 충돌시키는 것과 같은 역할을 해 '볼 스피드를 최대화'하는 데 공헌한다.

⫸ 골반을 고정시킨다

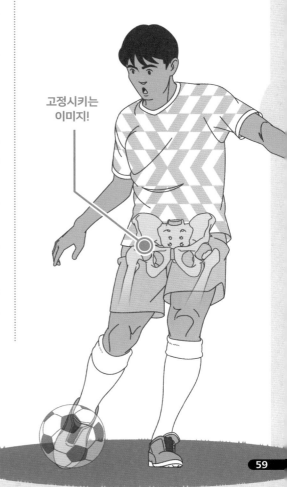

고정시키는 이미지!

고정시키는 이미지

축발을 뺀다?

골반의 기울기를 바꾼 결과
그렇게 보일 뿐

강 한 슛을 하기 위한 포인트로 자주 이야기되는 것 중 하나가 축발을 빼라는 것이다. 실제로 강한 공을 찬 장면을 보면 대부분 공을 찬 뒤에 축발이 바깥

쪽으로 크게 벌어지는 것처럼 보이기 때문에 이런 이야기가 나오는 거라 생각된다.

축발을 빼는 이유에 대해 공에 체중을 싣기 위해서라는 식으로 이야기하는 경우

임팩트 순간 축발 쪽의 골반이 높은 상태를 만들려고 하면 자연스럽게 축발이 빠진다.

가 많은데, 무작정 축발을 빼는 것만으로 공의 속도를 향상시킬 수 있을지는 의심스럽다. 축발을 빼려고 의식하는 경우, 움직임은 대부분 축발로 점프해서 차는 발 쪽으로 몸을 기울이는 형태가 된다. 그러나 이런 동작으로는 균형이 무너지기 때문에 차는 발을 끝까지 휘두르기가 어렵다. 이미 말했듯이 차는 발을 무겁게 만든다는 것은 차는 발에 힘이 가해져도 잘 움직이지 않는 상태를 만드는 것이지 단순히 무게중심을 공과

가까운 곳에 두는 것이 아니다.

차는 발을 무겁게 만들기 위한 포인트는 축발로 점프해서 차는 발 쪽으로 몸을 기울이는 것이 아니라 앞에서 말했듯이 골반의 기울기를 바꾸는 것이다. **골반의 기울기를 바꾸는 동작을 하면 분명히 겉으로 봤을 때는 축발이 옆으로 올라가는 형태가 되어서 축발을 빼는 듯이 보이지만, 이는 단순히 옆 방향으로 점프하는 동작과는 완전히 다르다.**

정리

빠른 공을 차려면?

☑ 차는 발의 속도를 높인다 or 무겁게 만든다

차는 발의 속도를 높이려면?

☑ 도움닫기로 에너지를 만들어낸다

☑ 축발로 제동을 건다

☑ 골반이 회전하기 쉬운 상태를 만든다

☑ 채찍 동작을 이용한다

차는 발을 무겁게 만들려면?

☑ 발목을 끝까지 쭉 뻗는다

☑ 골반의 기울기를 바꾼다

제3장

비거리를 늘린다

비거리를 최대화하려면?

빠른 공을
높은 발사 각도로 찬다

>>> 발사 각도와 비거리의 관계

발사 각도는 너무 높지도 너무 낮지도 않아야 한다. 다만 대부분의 경우 선수의 생각보다 높은 각도로 차는 것이 비거리 상승으로 이어진다.

발사 각도가 너무 높다

최적의 발사 각도

발사 각도가 너무 낮다

64

먼 저, 축구의 킥 이외의 동작으로 공을 멀리 날리려면 어떻게 해야 할지 그 포인트를 생각해 보자. 현재 학교 체육의 체력 평가 항목에 멀리 던지기가 포함되어 있어서 소프트볼 공이나 핸드볼 공을 멀리 던져 본 경험은 다들 한 번쯤 있을 것이다. 여러분은 공을 최대한 멀리 던지기 위해 어떤 점을 의식하고 던졌는가?

일단 공의 궤도를 결정하는 3요소를 기반으로 생각해 보자. 먼저, 속도에 관해서는 당연히 빠르게 던지는 편이 더 멀리 날아간다. 멀리 던지기를 할 때 회전에 관해서는 딱히 의식한 적이 없었을지 모르지만, 가로 회전이 걸리면 비거리가 늘어나지 않는다는 것은 어렴풋이 느낀 사람도 있을 것이다. 마지막으로 발사 각도에 관해서는 멀리 던지기를 할 때 가장 강하게 의식했을 것이다. 그래서 어느 정도의 각도로 던져야 할지 구체적으로는 알지 못하지만 상당히 위를 향해서 던지지 않았을까 싶다.

이론적으로는 공기 저항을 무시할 경우 45도 각도로 던졌을 때 비거리를 최대화할 수 있다. 그러나 공기 저항을 생각한다면 이보다 조금 낮은 각도로 던져야 한다. 다만 어쨌든 발사 각도를 높이려고 의식하면서 공을 던졌을 것이다.

그런데 멀리 던지기가 아니라 킥을 할 때는 발사 각도에 대해 잘 의식하지 않고 찬다는 느낌을 받는다. 낮은 각도의 공을 백스핀으로 차면 공이 뻗어 나가서 비거리를 최대화할 수 있다고 말하는 선수가 많은데, **실제로는 발사 각도를 자신의 생각보다 더 높여야 하는 경우가 대부분이다.**

공의 아래쪽을 대각선 위 방향으로 찬다

실제로 비거리를 최대화하려면 공에 어떻게 힘을 가해야 할지 생각해 보자.

먼저, 앞에서 이야기했듯이 발사 각도를 높여야 하기 때문에 **공의 아래쪽을 임팩트** 해야 한다. 손으로 공을 던지는 경우에는 위를 향해 날아가도록 조절하는 게 비교적 쉽지만, 킥의 경우는 차는 발을 지면에 닿을락 말락하게 휘둘러서 공의 아래쪽에 집어넣기가 의외로 어렵기 때문에 뒤에서 이야기할 포인트를 알아 둘 필요가 있다.

다음에는 속도와 회전에 관해 생각해 보자. 비거리를 최대화하려면 수평 방향의 속도를 높이는 것과 체공 시간을 늘리는 것을 양립시켜야 한다. 공기 저항이 없을 때 45도의 발사 각도에서 비거리가 최대화되는 이유는 수평 방향의 속도와 체공 시간의 균형을 딱 맞출 수 있기 때문이다. 한편 공기 저항이 있는 경우에는 백스핀을 줌으로써 떠오르는 방향의 힘을 얻어 체공 시간을 늘릴 수 있다. 그러나 백스핀의 회전수가 증가하면 그만큼 속도가 줄어들기 때문에 비거리가 최대화되지 않는다. 반대로 회전수를 줄여서 속도를 높여도 떠오르는 방향의 양력은 충분히 얻을 수 있다. 그러므로 **약간의 백스핀을 걸어서 공을 차는 식**으로 접근할 필요가 있다. 이를 위해 공의 중심을 향하는 방향보다 약간 낮은 방향으로 힘을 가해야 한다.

정리하면, **그림처럼 공의 아래쪽을 대각선 위 방향으로 찰 필요**가 있다.

▶▶▶ 공에 가해야 하는 힘

발사 각도를 높이기 위해서는 공의 아래쪽을
임팩트한다. 속도를 높이고 회전수를 줄이기
위해서는 공의 중심과 가까운 방향, 즉 대각선
위 방향으로 찬다.

임팩트 위치

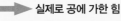 실제로 공에 가한 힘

 공의 궤도를 결정하는 성분

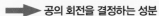 공의 회전을 결정하는 성분

몸보다 앞에서
공을 임팩트한다

먼 저, 약간의 백스핀을 걸어서 빠른
공을 차기 위해 대각선 위 방향으
로 힘을 가하는 방법에 관해 생각해 보자.

킥 동작 중 차는 발의 움직임은 대략적으
로 말하면 차는 발 쪽 고관절을 축으로 삼
은 진자 운동이다. 진자 운동은 축의 수직

⟫⟫⟫ 이중진자의 이미지

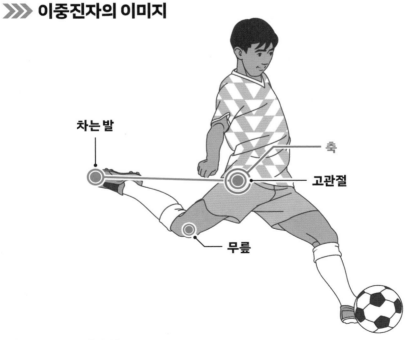

차는 발

축

고관절

무릎

킥을 할 때 차는 발의 움직임은
고관절과 무릎의 두 점을 받침점
으로 삼는 이중진자 운동이다.

방향 아래에서 최하점을 맞이하며, 축보다 뒤쪽에서는 호를 그리며 내려가는 방향의 운동을, 축보다 앞쪽에서는 호를 그리며 올라가는 방향의 운동을 하게 된다.

요컨대 이 진자 운동을 하는 도중에 공을 임팩트해 대각선 위 방향으로 힘을 가하려고 한다면 진자의 축보다 앞에 임팩트 포인트를 둬야 한다. 따라서 차는 발 쪽의 고관절보다 앞쪽, 이미지 상으로 봤을 때 몸보다 앞에서 공을 임팩트할 필요가 있다.

사실 엄밀히 말하면 킥 동작 중의 차는 발은 고관절과 무릎을 두 축으로 삼는 이중 진자처럼 움직인다. 롱킥의 임팩트 포인트 부근에서는 고관절의 움직임보다 무릎관절의 움직임이 충분히 빨라지기 때문에 무릎관절의 진자 운동을 생각하면 된다. 따라서 대각선 위 방향으로 힘을 가하고자 한다면 무릎관절을 공보다 뒤쪽에 둘 필요가 있다. 다만 이 경우도 임팩트 포인트가 몸보다 앞에 있게 되므로 **몸 앞에서 임팩트한다는 이미지를 갖는 것으로 충분**하다.

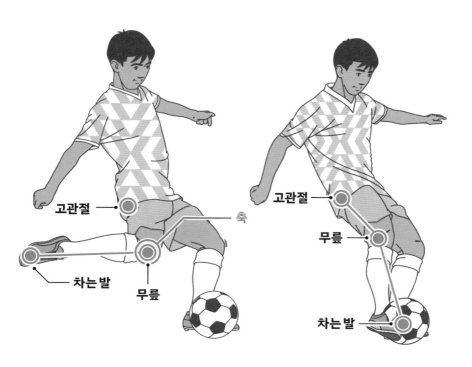

진자의 받침점보다 앞에서 임팩트하면 대각선 위 방향으로 힘을 가할 수 있다.

이때 차는 발의 고관절보다 무릎이, 무릎보다 차는 발이 앞으로 오는 형태가 된다

축발을 공보다 뒤에 두는 방법으로는 높이 조절이 어렵다

그 러면 이제 대각선 위 방향으로 힘을 가하기 위한 구체적인 방법을 생각해 보자. 포인트는 차는 발의 고관절을 축으로 삼는 진자가 위로 올라가는 위치에서 공을 임팩트하는 것, 즉 진자의 축보다 앞에 임팩트 포인트를 두는 것이었다.

➤➤➤ 축발을 공보다 뒤에 뒀을 때 차는 발의 궤도

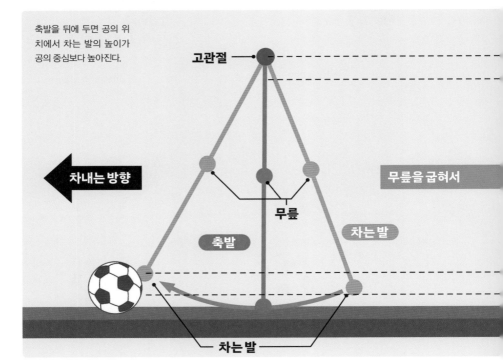

축발을 뒤에 두면 공의 위치에서 차는 발의 높이가 공의 중심보다 높아진다.

고관절

차내는 방향

무릎을 굽혀서

무릎

축발

차는 발

차는 발

이를 위한 가장 단순한 방법은 축발을 공보다 뒤에 둠으로써 축을 공 뒤에 두는 것이다. 그림을 보면 알 수 있듯이, 진자는 축보다 앞에서는 지면으로부터 점점 상승하기 때문에 단순히 축을 뒤에 두기만 하면 공을 임팩트하는 위치에서는 차는 발이 높은 위치에 오게 된다. 공의 비거리를 늘리기 위한 또 다른 포인트는 공의 아래쪽을 임팩트하는 것이기 때문에 축발을 공보다 뒤에 둘 경우 축발의 무릎을 굽혀서 차는 발의

높이를 조절할 필요가 생긴다. 그러나 이 방법으로 제어하면 힘의 손실이 매우 커져서 그다지 적절하다고 볼 수 없다.

공을 제대로 띄우지 못하는 초보자가 억지로 공을 띄우려고 몸을 뒤로 젖히면서 찰 때가 있는데, 이때 이처럼 축발을 뒤에 두고 무릎을 굽히면서 차는 경우가 많다.

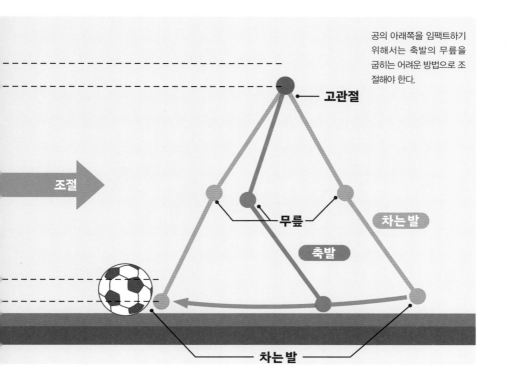

공의 아래쪽을 임팩트하기 위해서는 축발의 무릎을 굽히는 어려운 방법으로 조절해야 한다.

고관절

조절

무릎

차는발

축발

차는발

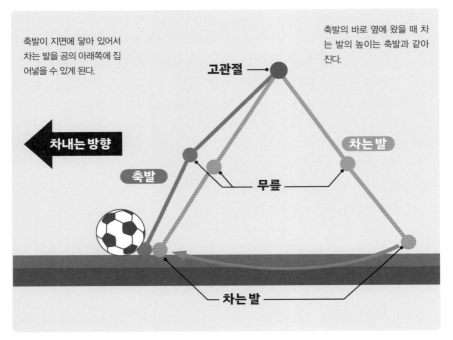

축발이 지면에 닿아 있어서 차는 발을 공의 아래쪽에 집어넣을 수 있게 된다.

축발의 바로 옆에 왔을 때 차는 발의 높이는 축발과 같아진다.

고관절

차내는 방향

차는 발

축발

무릎

차는 발

몸 앞에서 임팩트하는 방법

축발은 공의 바로 옆에 두고 몸을 뒤에 남긴다

그렇다면 어떻게 해야 차는 발을 대각선 위 방향으로 휘두르면서 동시에 공 아래쪽을 임팩트할 수 있을까? 결론부터 말하면, 그림처럼 **축발을 공의 바로** 옆에 두고 축발의 정강이를 뒤쪽으로 기울여 **몸을 뒤에 남기는 것**이 포인트다.

먼저, 이 형태를 만들면 진자의 축이 되는 차는 발 쪽의 고관절(이중진자로 생각할 경

우는 무릎관절)을 공보다 뒤에 둘 수 있어서 대각선 위 방향으로 힘을 가할 수 있게 된다. 다음으로 공의 아래쪽을 임팩트하는 것을 생각해 보면, 사진처럼 옆에서 봤을 때 임팩트 순간 차는 발과 축발이 겹치게 된다. 따라서 축발의 정강이를 뒤쪽으로 기울인 형태를 만들면 임팩트 순간 차는 발의 높이가 축발의 높이와 일치하게 된다. 다시 말해 차는 발이 공의 아래쪽을 임팩트하도록 높이를 조절할 수 있는 것이다.

이렇게 하면 공의 아래쪽을 대각선 위 방향으로 찰 수 있게 된다. 이 형태를 만드는 것에는 또 다른 이점이 있다. 그것은 이 자세가 제2장에서 이야기한 것처럼 매우 효과적으로 감속할 수 있는 자세여서 축발을 가속시키는 데 적합하기 때문이다. 그 결과 공에 가하는 힘의 크기 자체를 높일 수 있어서 비거리의 증가로 이어진다.

차는 발이 지면에 박힌다?

차는 발을 이중진자처럼 움직이면 회피할 수 있다

감 이 날카로운 사람은 눈치 챘겠지만, 68페이지의 그림에서 차는 발이 지나가는 궤도를 보면 도중에 차는 발의 높이가 지면보다 낮아져서 실제로는 지면에 박힐 것처럼 보인다. 이는 이해를 돕기 위해 차는 발의 궤도를 고관절을 축으로 삼는 하나의 진자로 표현했기 때문이다. 실제로는 오른쪽 그림처럼 무릎관절도 포함된 이중진자 운동이 이뤄지며, 무릎관절은 뒤늦게 펴진다. 차는 발의 무릎이 몸의 바로 아래를 통과한 뒤에 무릎관절이 펴진다고 가정하면 그 시점에 무릎이 좀 더 높은 위치에 있기 때문에 차는 발의 높이도 조금

높아져서 지면에 박힐 확률은 낮아진다.

그런 사정을 감안하더라도 공의 아래쪽을 임팩트해서 대각선 위 방향으로 차올리려면 임팩트 직전에 차는 발이 임팩트 위치보다 낮은 곳에 있어야 해서, 다른 방법을 찾아내지 않으면 차는 발이 지면에 닿아서 공을 제대로 차지 못하거나 그런 상황을 피하려다 임팩트 위치가 어긋나는 사태가 발생할 수 있다.

실제로 차는 발이 지면에 박히는 것을 피하려고 무의식중에 발목의 각도를 바꾸었다가 공에 가로 회전이 걸리는 모습을 자주 볼 수 있다.

▶▶▶ 무릎이 펴지는 타이밍을 고려한 차는 발의 궤도

무릎이 펴지는 타이밍이 늦어
지면 무릎의 위치가 높은 곳
에 있을 때 발을 휘두를 수 있
어서 차는 발이 지면에 박힐
위험성을 낮출 수 있다.

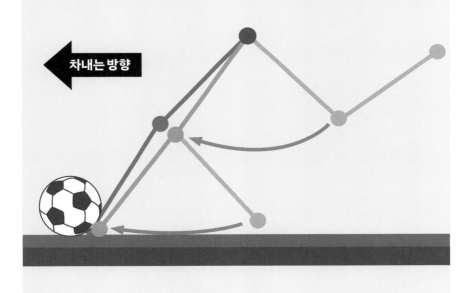

차내는 방향

차는 발의 면이 가로를 향하도록 만들어 공의 아래쪽으로 집어넣는다

먼저, **차는 발과 공이 접촉하는 면이 가로를 향하도록 만들어야 한다.** 차는 발이 완전히 가로가 된 상태에서 휘두를 수 있다면 차는 발의 최하점 높이를 높

일 수 있다. 반대로 면이 세로가 되면 그만큼 발끝 높이가 낮아져서 지면에 충돌할 위험성이 커진다. 또한 공의 아래쪽만 정확하게 임팩트하기 위해서도 면을 가로로 만들

≫≫≫ 차는 발의 면 방향과 공에 가해지는 힘

GOOD 면이 완전한 가로 방향

공의 아래쪽에만 깔끔하게 힘을 가할 수 있다

BAD 면이 세로에 가까운 방향

공의 위쪽까지 힘을 가하게 되어 공이 잘 뜨지 않는다

필요가 있다. 접촉면이 세로에 가까워지면 공에 힘을 가하는 점이 위쪽으로도 뻗기 때문에 공의 발사 각도가 낮아지는 결과로 이어진다.

차는 발의 면이 가로를 향하도록 만들려면 먼저 축발의 정강이를 옆 방향으로 기울여야 한다. 제2장에서 이야기했듯이 차는 발의 발목을 완전히 뻗은 상태에서 임팩트하는 것이 이상적인데, 옆 방향으로 축발의 정강이를 기울이면 발목을 완전히 뻗은 상태에서 면을 가로 방향에 가깝게 만들

수 있다.

그러나 몸이 완전히 수평해지지 않는 이상, 다시 말해 지면과 수평하게 눕지 않는 이상 면을 완전한 수평으로 만들 수는 없다. 그래서 이와 함께 발목이 구부러지는 것을 허용해 약간 인사이드 킥 느낌으로 임팩트할 필요가 있다. 이때 발바닥은 지면을 향한다. 이렇게 하면 면이 깔끔하게 가로를 향하기 때문에 차는 발이 지면에 박히는 상황을 피할 수 있다.

≫≫ 축발의 정강이를 옆으로 기울인다

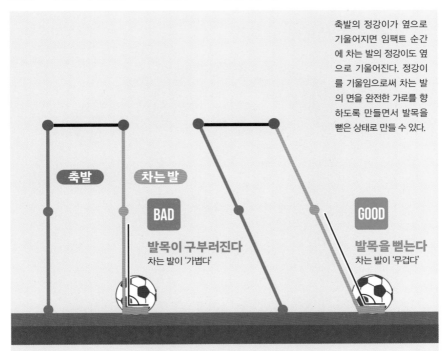

축발의 정강이가 옆으로 기울어지면 임팩트 순간에 차는 발의 정강이도 옆으로 기울어진다. 정강이를 기울임으로써 차는 발의 면을 완전한 가로를 향하도록 만들면서 발목을 뻗은 상태로 만들 수 있다.

축발   차는발

BAD
발목이 구부러진다
차는 발이 '가볍다'

GOOD
발목을 뻗는다
차는 발이 '무겁다'

공을 찬 뒤에 차는 발이 몸의 안쪽으로 들어오는 이유

고관절의 움직임으로 차는 발의 운동 방향을 조절한다

일 류 선수의 롱킥 후 자세를 보면 대부분 차는 발을 휘두른 뒤에 축발 쪽으로 크로스하듯이 착지한다. 킥을 마친 뒤에 공통적으로 이런 자세가 되는 이유는 차는 발의 궤도 관점에서 설명할 수 있다.

앞에서도 이야기했듯이, 롱킥을 할 때는 차는 발의 면이 가로를 향하도록 만들기 위해 축발의 정강이가 옆으로 기울어지는 형태가 되어야 한다. 축발의 정강이가 옆으로 기울어지는 형태를 만들었다는 말은 축발

⟫⟫⟫ 차는 발의 운동 방향 조절

축발의 정강이를 옆으로 기울이고 차는 발을 휘두르면 차는 발의 운동 방향은 바깥쪽을 향하기 쉽다.

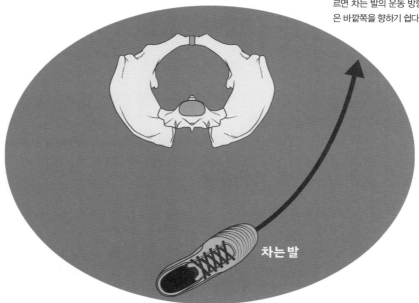

차는발

이 지면에 닿는 시점에 차는 발이 축발보다 바깥쪽에 있게 된다는 의미다. 이 상태에서 골반, 고관절, 무릎의 움직임을 통해 차는 발을 공을 향해 자연스럽게 가속시키면 차는 발의 운동 방향이 바깥쪽을 향할 가능성이 크다. 임팩트 직전의 움직임 중에서 가장 공헌도가 높은 것은 무릎 아래 스윙인데, 앞서 말했듯이 약간 인사이드 킥 느낌으로 임팩트할 경우 슬개골 방향은 바깥쪽을 향하며 이 위치에서 무릎 아래를 휘두르면 차는 발의 궤도가 바깥쪽을 향하게 된다.

요컨대 **차는 발이 자연스럽게 가속되는 상태를 만들면 차는 발의 운동 방향이 바깥쪽을 향하기 때문에 고관절을 내전시켜서(안쪽으로 가져와서) 임팩트 순간에 차는 발의 운동 방향을 공을 차내는 방향에 맞추도록 조절하는** 것이다. 무릎 아래 스윙이 빠를수록 차는 발의 궤도가 바깥쪽을 향하기 때문에 이 조절이 강조된다면 겉으로 봤을 때도 차는 발을 안쪽으로 집어넣는 움직임이 두드러지게 된다.

▶▶▶ 차는 발이 안쪽으로 들어오는 움직임

차는 발이 안쪽으로 들어오는 움직임은 차는 발의 운동 방향이 정면을 향하도록 조절하기 위해서다.

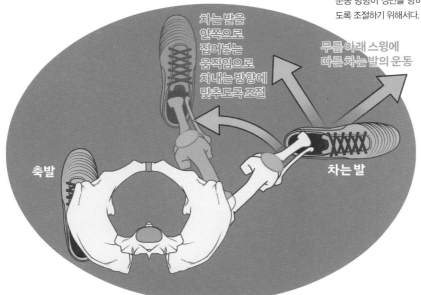

차는 발을 안쪽으로 집어넣는 움직임으로 차내는 방향에 맞추도록 조절

무릎 아래 스윙에 따른 차는 발의 운동

축발

차는 발

낮은 코스로 빠르게
회전수가 적은 공을 찬다

>>> 맞바람으로 인한 궤도의 변화

같은 각도로 차내더라도 맞바람이 강하면 공이 둥실 떠오르기 때문에 비거리가 감소한다. 따라서 속도가 빠른 공을 낮은 각도로 차는 조절이 필요하다.

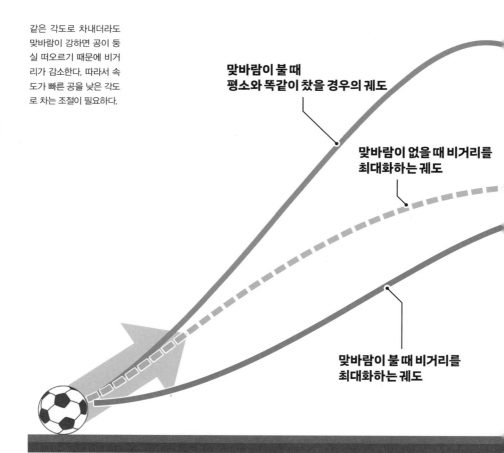

맞바람이 불 때
평소와 똑같이 찼을 경우의 궤도

맞바람이 없을 때 비거리를
최대화하는 궤도

맞바람이 불 때 비거리를
최대화하는 궤도

마 지막으로 실전에서 겪을 수 있는 고민에 미리 답하고 넘어가겠다.

맞바람이 강하게 불면 필요 이상으로 공이 떠올라서 비거리가 늘어나지 않게 되는데, 그 원인은 두 가지다. 첫째는 단순히 맞바람이 공을 되밀어서 수평 방향의 속도를 떨어트리는 것이고, 둘째는 마그누스 효과에 따라 양력이 강하게 작용하는 것이다.

먼저 수평 방향의 속도가 떨어지는 것은 바람이 부는 이상 어떻게 할 방법이 없다. 그러므로 맞바람의 영향으로 비거리가 다소 감소하는 것은 포기하고 받아들이는 수밖에 없다. 한편 마그누스 효과 때문에 필요 이상으로 공이 떠오르는 것은 약간이나마 대책을 세울 수 있다. 먼저, 떠오르는 방향의 힘은 회전수가 증가할수록 커지기 때문에 회전수를 줄여야 한다. 또한 보통은 발사 각도를 어느 정도 높여야 체공 시간을 늘려서 비거리를 최대화할 수 있지만, 맞바람이 부는 조건에서는 자연스럽게 체공 시간이 늘어나므로 체공 시간보다 수평 방향의 속도를 우선해서 생각해야 한다. 따라서 **평소보다 낮은 각도로 약간의 백스핀을 걸어서 속도가 빠른 공을 차는 것이 맞바람이 부는 상황에서 롱킥을 할 때의 포인트**이다.

정리

비거리를 최대화하려면?

- ☑ 빠른 공을 높은 발사 각도로 찬다
- ☑ 공의 아래쪽을 대각선 위로 차올린다

대각선 위 방향으로 힘을 가하려면?

- ☑ 몸보다 앞에서 임팩트한다
- ☑ 축발은 공의 바로 옆에 두고 몸은 뒤에 남긴다
- ☑ 차는 발의 면이 가로를 향하도록 만든다

제4장

인사이드 킥

공의 속도가 빠르다. 뜨지 않는다. 가로 회전이 걸리지 않는다

먼저 이 장에서 다루는 좋은 인사이드 킥의 조건을 명확히 제시하고 시작하겠다. 인사이드 킥은 슛부터 단·중거리 패스에 이르기까지 폭넓게 사용되는 킥인데, 이 장에서는 단·중거리 패스를 위한 인사이드 킥에 관해 이야기하겠다. 킥의 목적은 동료에게 컨트롤하기 쉬운 공을 최대한 빠르게 전달하는 것이며, 이 전제에서 생각하면 **좋은 인사이드 킥의 조건은 두 가지다. 먼저 공이 뜨지 않아야 하고, 다음으로 공의 속도가 빨라야 한다.**

회전의 경우, 가로 회전을 걸어서 차는 방법도 있지만 동료에게 빠르게 전달하는 것이 목적이라면 불필요한 회전을 줄여서 볼 스피드를 높이는 데 초점을 맞추는 것이 좋다. 한편 세로 방향의 회전은 이야기가 조금 다른데, 킥을 하는 순간 공의 속도는 앞에서도 이야기했듯이 무회전일 때 가장 빠르지만 톱스핀을 걸면 지면과의 마찰 때문에 공의 속도가 떨어지는 것을 어느 정도 막을 수 있다. 그러므로 패스 거리가 다소 멀어서 공의 속도를 떨어트리지 않는 것을 중시한다면 톱스핀을 걸고, 패스 거리가 짧아서 동료에게 공이 도달할 무렵에 오히려 속도가 적당히 줄어드는 편이 좋다면 무회전으로, 아예 속도를 줄이고 싶다면 백스핀을 걸어서 차는 것이 적절하다고 말할 수 있다.

먼저 이런 구질이 실현된 상태일 때 비로소 몸이 향하는 방향에 대해 다양한 방향으로 패스를 보내는 것도 포인트가 될 수 있다.

회전과 마찰의 관계

톱스핀을 걸면 마찰이 줄어
서 공의 속도가 잘 감소하지
않기 때문에 긴 거리의 패스
에 적합하다. 백스핀을 걸면
속도의 감소폭이 최대가 되
고, 무회전은 중간이다.

➡ 공의 진행 방향
➡ 회전
➡ 지면과의 마찰

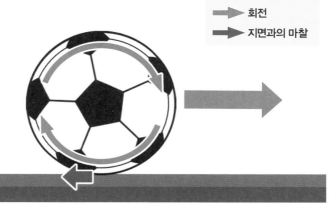

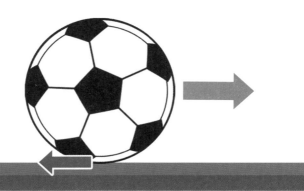

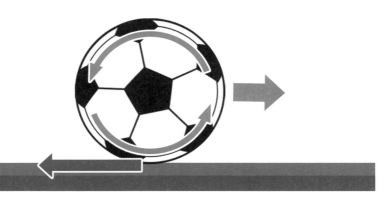

공의 한가운데를 임팩트하고, 다리를 휘두르는 방향으로 회전을 조절한다

먼저, 공을 띄우지 않는 것이 조건 중 하나이므로 옆에서 봤을 때 공의 한가운데 혹은 그보다 조금 위를 임팩트해야 한다. 공의 한가운데보다 아래를 임팩트했을 때 공이 뜨는 것은 쉽게 이해할 수 있겠지만, 사실은 너무 윗부분을 차도 공이 떠 버린다. 이는 공을 지면에 강하게 내리치는 형태가 되기 때문이다. 공의 조금 위를 똑바로 임팩트하는 정도라면 공이 튀어 오르지 않고 톱스핀이 걸리는 수준에 그치기 때문에 다소 위를 임팩트하는 것 정도는 문제가 되지 않는다.

또한 공의 회전과 관련해 무회전으로 차고 싶다면 공의 중심을 관통하는 방향, 즉 공의 한가운데에 수평 방향의 힘을 가해야 한다. 톱스핀을 걸고 싶다면 다리를 대각선 위로 휘두르는 위치에서 공을 임팩트하거나 공의 약간 윗부분을 수평 방향으로 임팩트한다.

패스 솜씨가 뛰어난 선수는 이를테면 수비 라인 뒤쪽 공간으로 공을 보내는 스루 패스를 할 때 공이 굴러가면서 급격히 감속하도록 차기도 하는데, 이는 땅볼에 백스핀을 건 결과다. 이때 공에 힘을 가하는 방법은 매우 단순한데, 공의 중심 부분을 대각선 아래 방향으로 깎아내듯이 임팩트하면 된다.

▶▶▶ 공에 가해야 하는 힘

➡️ 실제로 공에 가한 힘
➡️ 공의 궤도를 결정하는 성분
➡️ 공의 회전을 결정하는 성분

무회전

공의 중심을 향해 수평
방향으로 힘을 가한다.

톱스핀

차올리듯이 발을 휘둘러
대각선 위 방향으로 힘을
가한다.

백스핀

공을 깎아내듯이 대각선
아래 방향으로 힘을 가
한다.

⟫⟫⟫ 골반을 뒤로 빼면 고관절을 작게 열어도 된다

골반을 뒤로 빼면 고관절을 크게 열지 않고도 발의 면이 정면을 향하는 형태를 만들 수 있다.

차는 발의 면을 만드는 방법

고관절이 열린 폭을 좁히기 위해 골반을 뒤로 뺀다

공에 가로 회전을 걸고 싶지 않을 때는 임팩트하는 순간 차는 발이 공을 차내는 방향에 대해 90도를 향해야 한다. 인사이드 킥을 제대로 차지 못하는 선수는 자신의 고관절이 유연하지 못해서 그렇다고 생각해 움직일 수 있는 부분을 넓히기 위한 스트레칭을 열심히 하는 경우가 많다. 물론 움직일 수 있는 최소한의 영역

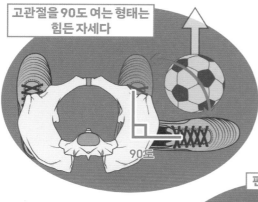

고관절을 90도 여는 형태는
힘든 자세다

90도

차내는 방향

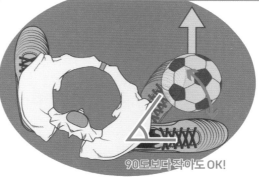

편하게 다리를 휘두를 수 있는 자세

90도보다 작아도 OK!

은 필요하지만 그런 부분이 좁더라도 생각하기에 따라서는 이 형태를 편하게 만들 수 있다.

인사이드 킥을 할 때 임팩트 순간의 발의 형태를 만들어 보라고 하면 많은 선수가 그림처럼 골반이 앞을 똑바로 향한 상태에서 고관절만 여는 자세를 취한다. 이는 고관절을 90도 여는 형태이기에 상당히 힘든 자세다. 그러나 실제 정상급 선수들은 이런 형태를 만들지 않는다. 이 형태에서 차는

발 쪽의 골반을 뒤로 빼 보자. 골반을 뒤로 빼면 고관절이 상대적으로 내회전(안쪽돌림)하기 때문에 방금 전까지 90도였던 고관절의 열린 각도가 점점 줄어든다. **골반을 빼면 고관절을 조금만 열어도 차는 발의 각도가 차내는 방향에 대해 90도를 유지**할 수 있다.

이처럼 움직일 수 있는 부분에 무리가 가지 않도록 편한 자세를 취하면 인사이드 킥을 할 때 다리의 스윙도 편해진다.

차는 발을 효율적으로 가속시킬 수 있다

이 미 이야기했듯이, 차는 발의 운동은 무릎관절과 고관절을 축으로 삼는 이중진자의 형태로 생각할 수 있다.

축구를 갓 시작한 초보자를 보면 무릎 아래 스윙을 사용하지 않고 고관절을 축으로 하나의 긴 막대를 휘두르듯이 차는 모습을

>>> 진자의 길이와 스윙 속도의 관계

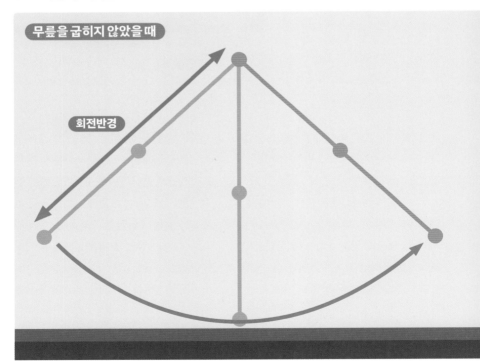

무릎을 굽히지 않았을 때

회전반경

자주 볼 수 있다. 이 방식으로 공을 차면 인스텝 킥에서 설명한 것 같은 채찍 동작이 되지 않기 때문에 차는 발을 효율적으로 가속시키기가 어렵다.

또한 앞에서 피겨스케이팅의 스핀을 예로 들면서 어떤 물체가 회전할 때는 각 부분을 회전축 근처에 밀집시키는 편이 회전 속도를 높일 수 있다는 이야기(47페이지)를 했었는데, 이는 차는 발의 진자 운동도 마찬가지다. 차는 발을 고관절을 축으로 삼는 하나의 막대처럼 휘두른다기보다 무릎에서

차는 발을 접어서 길이를 절반으로 만든 상태가 더 회전이 빨라지는 것은 명백하다.

이때 무릎을 접으면 차는 발의 위치가 높아지기 때문에 중력에 맡겨서 떨어트리기만 해도 에너지를 만들어낼 수 있다는 이점도 있다.

따라서 **인사이드 킥을 할 때는 고관절을 축으로 삼는 단진자가 아니라 무릎관절도 축으로 삼는 이중진자로 만들어서 무릎 아래 스윙을 효과적으로 사용하는 것이 좋다.**

무릎을 접으면 다리 길이가 절반이 된 상태로 휘두를 수 있으며, 그 결과 더욱 빠르게 회전할 수 있다.

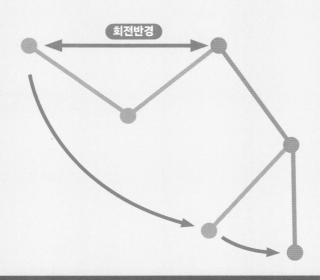

무릎을 굽혔을 때

회전반경

축발의 위치를 바꾸더라도 깔끔한 자세로 찰 수 있다

고관절 외에 무릎관절도 축으로 삼는 이중진자가 고관절만을 축으로 삼는 단진자보다 좋은 점은 차는 발의 가속이 용이하다는 것뿐만이 아니다. 공을 올바르게 임팩트할 수 있는 범위가 넓어진다는 이점도 있다.

⟫⟫ 무릎 아래 스윙을 사용할 때와 사용하지 않을 때의 차는 발의 궤도 차이

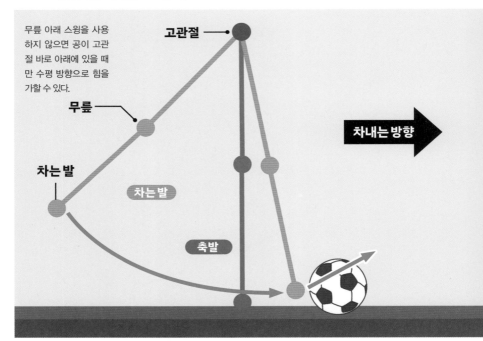

무릎 아래 스윙을 사용하지 않으면 공이 고관절 바로 아래에 있을 때만 수평 방향으로 힘을 가할 수 있다.

고관절

무릎

차는 발

차는 발

축발

차내는 방향

이미 이야기했듯이, 동료에게 땅볼 패스를 최대한 빠르게 보내기 위해 인사이드 킥을 할 때 공에 가해야 하는 힘의 방향은 기본적으로 수평 방향이다. 그러면 단진자일 때와 이중진자일 때 차는 발이 수평 방향으로 운동하는 위치를 비교해 보자. 먼저 고관절을 축으로 삼는 단진자의 경우, 진자의 축이 고관절뿐이므로 축발을 지면에 둔 시점에 차는 발이 수평 방향으로 운동하는 위치는 축발의 바로 옆으로 한정된다. 요컨대 **축발을 공의 바로 옆에 둘 때만 수평 방향으로 힘을 가할 수 있다.**

반면에 무릎관절도 진자의 축으로 삼는

다면 **무릎관절의 위치를 바꿈으로써 차는 발이 수평 방향으로 움직이는 위치를 축발의 앞에도 만들 수 있다.** 이 차이는 가령 축발의 방향에서 온 공을 다이렉트로 차야 할 때 영향을 끼친다. 이 경우, 축발을 공의 바로 옆에 두려고 하면 굴러 온 공이 축발에 부딪히기 때문에 어쩔 수 없이 공을 축발 앞에 둬야 한다. 이때 축이 고관절뿐이면 발이 움직이는 궤도상 공을 대각선 위로 차올리게 되어 톱스핀이 걸릴 가능성이 크지만, 무릎을 사용하면 수평 방향으로 힘을 가할 수 있어 의도한 대로 공을 찰 수 있다.

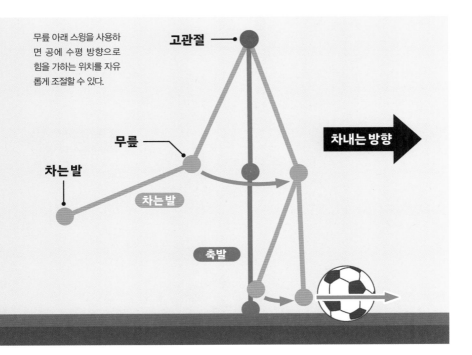

무릎 아래 스윙을 사용하면 공에 수평 방향으로 힘을 가하는 위치를 자유롭게 조절할 수 있다.

고관절

무릎

차는발

차내는방향

차는발

축발

축발은 공보다 뒤 혹은 옆 방향으로 조금 거리가 떨어진 위치에 둔다

그 러면 무릎 아래 스윙을 적절히 사용해서 공을 찬다고 가정했을 때 축발을 공의 어디에 둬야 할지 생각해 보자.

무릎 아래 스윙을 사용할 경우 기본적으로 무릎이 공의 바로 위에 있으면 무릎을

>>> 축발의 위치와 임팩트 위치

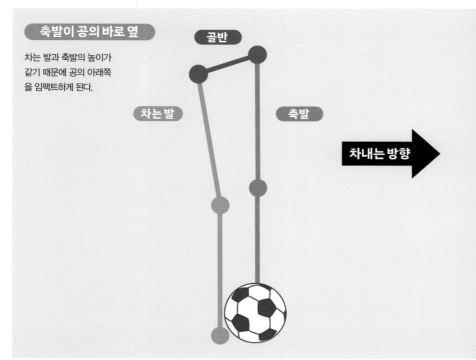

축발이 공의 바로 옆

차는 발과 축발의 높이가 같기 때문에 공의 아래쪽을 임팩트하게 된다.

골반

차는 발

축발

차내는 방향

축으로 삼는 진자 운동이 발생해 수평 방향으로 힘을 가할 수 있다. 그러므로 무릎이 공의 바로 위에 오게 할 수 있는 위치라면 어디든 상관없다. 다만 공의 중심을 임팩트해야 한다는 조건을 생각한다면 축발을 전후 방향 혹은 좌우 방향으로 적당히 떨어트리는 것이 좋다. 똑바로 서서 인사이드 킥의 면을 만든 상태일 경우는 인사이드 면이 지면과 닿을락 말락 한 위치에 있기 때문에 이 위치에서 공을 임팩트하면 공이 뜨고 만다. 여기에서 차는 발의 위치를 공의 중심에 맞추려면 무릎 위치를 높여야 하는데, 축발을 공으로부터 떨어트리면 무릎이 올라간 상태를 만들 수 있다.

따라서 **수평 방향으로 공을 차고 싶다면 축발의 위치를 공보다 뒤, 혹은 공의 옆일 경우 조금 거리가 떨어진 위치에 두는 것이 적절하다.** 공보다 앞에 두면 차는 발쪽의 골반을 뒤로 빼기가 어렵고 차는 발의 무릎이 공 위로 오게 하기도 어렵기 때문에 좋은 선택이라고 할 수 없다.

축발을 공으로부터 떨어트린다

골반

무릎이 공의 바로 위에 오게 하면 자연스럽게 공의 중심 부근을 임팩트할 수 있다.

차는발

축발

차내는 방향

BAD

아치 부근은 면이 아래를 향하고 있기 때문에 바닥을 향해서 차는 실수를 저지르기 쉽다.

차는 발의 임팩트 위치

발꿈치와 가까운 안쪽 복사뼈 아랫부분

인 사이드 킥을 할 때 차는 발의 어떤 부위로 공을 임팩트하는 것이 좋을지 판단하려면 발의 형태뿐만 아니라 스파이크의 형태까지 고려해야 한다. 일반적으로 언급되는 위치는 발의 중간, 즉 아치 부근이 아닐까 싶다. 그러나 이 위치보다 **발꿈치와 가까운 안쪽 복사뼈 아랫부분으로 임팩트하는 것이 더 적절하다.** 그 이유는

GOOD

발꿈치와 가까운 위치
는 발의 면이 평면에
가까워 안정적인 임팩
트가 가능하다.

다음과 같다.

　먼저, 발목은 옆 방향의 힘에 약하기 때
문에 밑동과 가까운 부분으로 임팩트하는
편이 힘을 전달할 때 손실을 줄일 수 있다.
또한 발의 구조상 아치 부분은 아래를 향해
곡선을 그리고 있기 때문에 이 부분에 공을
맞히면 공의 아래 방향으로 힘이 가해질 가
능성이 높지만, 발꿈치 부분은 차내는 방향
과 수평한 면이 존재하며 그 면이 비교적
평평한 까닭에 안정적인 임팩트가 가능
하다.

　여기에 스파이크의 구조 역시 아치 부분
을 다소 여유 있게 만들기 때문에 스파이크
를 신은 상태에서 발의 안쪽 면을 만졌을
때 발이 만져지지 않고 속이 빈 부분이 존
재한다. 이곳에 공이 닿으면 충격을 흡수하
는 방향으로 작용할 가능성이 크다. 반면에
발꿈치 부분은 보강을 위해 커다란 부품이
붙어 있기는 하지만 임팩트가 가능한 딱딱
한 면이 비교적 넓기 때문에 인사이드 킥의
임팩트 위치로 적합하다고 할 수 있다.

공을 차내려 하는 방향에 맞춰 골반 각도를 만든다

마 지막으로 다양한 방향으로 공을 찰 때의 몸의 방향에 관한 포인트를 소개하겠다. **기본적인 접근법은 골반을 빼는 각도를 조절함으로써 정면을 향해서 찰 때와 같은 위치를 만드는 것이다.**

먼저, 축발 쪽으로 찰 때는 골반을 거의 빼지 않고 정면을 향하는 정도의 상태를 유지하면서 무릎 아래 스윙을 사용해 차고 싶은 방향으로 발을 휘두르면 쉽게 찰 수 있다. 이때 제대로 차지 못하는 선수를 보면 차는 발이 필요 이상으로 멀리 돌아 들어오는 모습을 자주 볼 수 있다. 그 원인 중 하나는 차는 발의 무릎이 아직 굽혀진 상태

에서는 그 무릎이 바깥을 향하기 때문이다. 정면을 향해 찰 때와 마찬가지로 차는 발의 슬개골을 일단 공을 차고자 하는 방향으로 향하면 차는 발의 궤도를 최적화할 수 있다.

이어서, 차는 발 쪽으로 찰 때는 골반을 확실히 빼서 공을 차내려는 방향보다 골반이 더 뒤로 빠진 상태를 만드는 것이 포인트다. 이때 차는 발을 휘두르는 짧은 시간 사이에 평소의 두 배 가까운 각도로 골반을 빼야 하기 때문에 최대한 뒤로 빠르게, 단숨에 골반을 빼는 것이 포인트다.

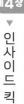

>>> 공을 차내는 방향과 골반의 각도

공을 차내는 방향에 맞
춰 골반을 빼는 각도를
조절한다. 차는 발 쪽으
로 찰 때는 크게 뺀다.

정 리

차는 발의 면을 만드는 방법

☑️ 골반을 뒤로 빼서 고관절이 열린 폭을 좁힌다

☑️ 좌우로 찰 때는 각도에 맞춰 골반을 빼는 폭을 조절한다

축발의 위치

☑️ 공보다 뒤, 혹은 옆으로 조금 거리를 벌린다

임팩트 위치

☑️ 발꿈치와 가까운, 안쪽 복사뼈의 아랫부분

제5장

무회전과 세로 회전

공에 가해야 하는 힘

공의 아래쪽에 대각선 위 방향의 힘을 가한다

이 장에서는 무회전과 세로 회전을 동시에 다룬다. 이 두 가지를 같은 범주로 분류한 것에 의문을 느낄지도 모르지만, 공에 어떻게 힘을 가해야 각각의 공을 실현할 수 있을지 생각해 보면 매우 유사한 킥임을 알 수 있을 것이다.

먼저 무회전에 관해 살펴보자. 공의 회전은 접촉점에서 공에 가해지는 힘이 공의 중심을 향하는 방향으로부터 얼마나 벗어나 있느냐에 따라 결정된다. 다시 말해 회

무회전 공   공의 중심을 향해서 힘을 가하면 무회전이 된다.

➡ 실제로 공에 가한 힘
➡ 공의 궤도를 결정하는 성분
➡ 공의 회전을 결정하는 성분

전을 0으로 만들려면 공의 중심을 향해 힘을 가해야 한다. 무회전 킥의 이점은 공이 흔들려서 궤도를 예측하기 어렵다는 것, 그리고 가한 힘이 회전에 사용되지 않기 때문에 이론상 공의 속도가 가장 빨라진다는 것이다. 특히 공이 흔들린다는 이점을 활용하려면 공을 어느 정도 띄우는 편이 좋기 때문에, 공의 아래쪽에서 공의 중심으로 향하는 대각선 위 방향으로 힘을 가할 필요가 있다.

한편 세로 회전의 공을 차고 싶다면, 이쪽도 공을 확실히 띄운 상태에서 떨어지는

변화가 나타나는 것이 이상적이기 때문에 공의 아랫부분을 임팩트할 필요가 있다. 그 상태에서 세로 회전을 걸고 싶을 경우, 옆에서 봤을 때 공의 중심으로부터 위쪽으로 벗어나도록 힘을 가할 필요가 있어서 상당한 각도의 대각선 위 방향으로 힘을 가해야 한다.

이상과 같이 **무회전과 세로 회전 공의 공통점은 공의 아래쪽에서 대각선 위 방향으로 힘을 가하며, 힘을 가하는 각도에 따라 회전이 결정된다**는 것이다.

세로 회전 공 공의 중심보다 위를 향해서 힘을 가하면 세로 회전이 된다.

골반을 뒤로 뺌으로써 진자의 받침점을 뒤로 내린다

앞 에서 대각선 위 방향으로 힘을 가하는 것은 공의 비거리를 늘리기 위해 필요한 요소라고 말했는데, 무회전이나 세로 회전으로 공을 차려면 한 단계 더

예리한 각도로 대각선 위를 향해 힘을 가해야 한다. 그래서 이를 위한 방법을 설명하겠다.

그 방법은 제4장에서 소개한 **차는 발 쪽**

>>> 골반을 뒤로 뺐을 때 차는 발의 궤도 변화

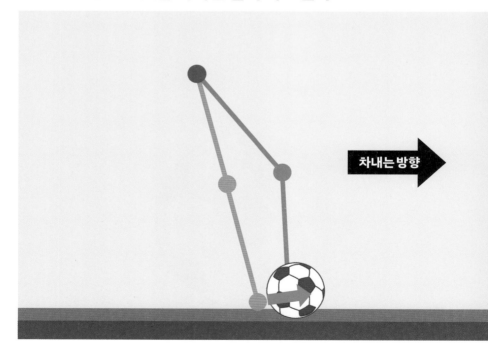

차내는 방향

의 **골반을 뒤로 빼는 것**이다. 이미 이야기
했듯이, 차는 발의 궤도는 고관절과 무릎을
축으로 삼는 이중진자의 형태가 된다. 인사
이드 킥을 할 때는 차는 발 쪽의 골반을 뒤
로 빼 차는 발을 편하게 휘두를 수 있도록
만든 상태에서 무릎이 공의 바로 위에 오게
함으로써 임팩트 순간에 차는 발이 수평
방향으로 움직이도록 조절했다. 이것과 똑
같이 움직이면서 무릎 위치가 공의 위에 오
지 않도록, 공보다 뒤에 있도록 조절하면
진자의 받침점이 공보다 뒤에 오게 되어서

대각선 위 방향으로 힘을 가할 수 있다.

이때 롱킥을 할 때와 마찬가지로 축발을
공의 바로 옆에 두고 축발의 정강이를 뒤로
기울이는 형태를 만들면 차는 발의 높이를
공의 아래쪽에 맞출 수 있다. 롱킥의 경우
와 비교하면 골반을 뒤로 뺌으로써 고관절
의 위치가 뒤가 되고, 그만큼 무릎 위치도
뒤가 되도록 만들 수 있기 때문에 더욱 위
쪽 방향으로 힘을 가할 수 있다.

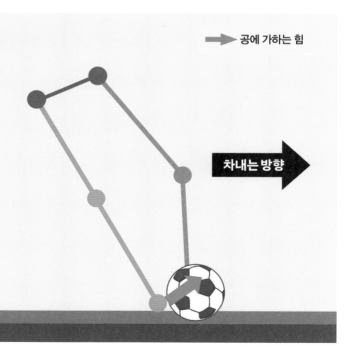

골반을 뒤로 빼면 진자
의 받침점을 뒤쪽으로
내릴 수 있어서 더 위를
향하는 형태로 임팩트
할 수 있다.

공에 가하는 힘

차내는 방향

인사이드와 인스텝의 중간 부근으로 임팩트한다

인사이드 킥을 설명할 때, 차는 발과 스파이크의 형태를 고려하면서 수평 방향의 힘을 효율적으로 가하려면 발꿈치와 가까운 위치로 임팩트하는 것이 좋다고 했다.

이번에는 대각선 위 방향으로 힘을 가하기 위한 효율적인 임팩트 위치를 발의 형태를 고려하며 생각해 보자. 발의 형태를 단순화해서 생각하면, 먼저 발바닥이 거의 평평하게 존재하고 발바닥과 거의 수직 방향으로 안쪽 면이 뻗어 있다. 발등의 면은 거의 수평이며, 바깥쪽으로는 완만하게 뻗어 있고 안쪽으로는 인사이드 면을 향해 아치 모양으로 크게 구부러진 형태로 이어져 있다.

여기에서는 인사이드 킥 느낌의 임팩트, 즉 임팩트 순간에 슬개골의 방향이 바깥쪽을 향하면서 차는 방법을 생각해 보려 한다. 이때 차는 발의 운동 방향은 기본적으로 인사이드 면과 수직한 방향이 된다. 그래서 인사이드 면으로 임팩트했을 경우 공에 가해지는 힘은 차는 발의 운동 방향과 일치하게 된다. 한편 인사이드 면에서 인스텝 면으로 이행하는 크게 굽은 부분으로 임팩트하는 경우에는 운동 방향에 대해 대각선 위를 향하는 위치로 임팩트하기 때문에 공에 가하는 힘을 더욱 위로 향할 수 있다.

따라서 **인사이드형의 무회전, 세로 회전 공을 찰 때는 인사이드와 인스텝의 중간 부근으로 임팩트하면 효율이 좋다**고 할 수 있다.

≫ 무회전 공, 세로 회전 공의 임팩트 위치

인사이드와 인스텝의 중간 부근은 면이 대각선 위를 향하고 있기 때문에 임팩트할 때 대각선 위 방향으로 힘을 가할 수 있다.

차는 발의 자연스러운 진자 운동을 이용한다

 회전 공은 공의 중심을 밀어내듯 이 차라, 세로 회전 공은 공을 쓸어 올리듯이 차서 회전을 걸어라 같은 이야기를 지도 현장에서 종종 들을 수 있다. 물론 실제로 무회전 공, 세로 회전 공을 충분히 찰 수 있는 선수는 이런 감각을 느낄 수 있다. 하지만 아직 제대로 공을 차지 못하는 선수에게 이런 식으로 지도하는 것은 대부분 부적절하다. 그 이유는 **무회전이나 세로 회전을 지나치게 의식하면서 차다 보면 공**

GOOD **자연스러운 진자 운동을 이용한 스윙**

BAD **과도하게 쓸어 올리는 스윙**

의 속도를 충분히 내지 못하거나 경기 중에 구사할 수 있을 정도의 실용성을 확보하지 못하는 문제가 발생할 가능성이 크기 때문이다.

기본적으로 차는 발을 효율적으로 가속해서 공에 큰 힘을 가하려면 차는 발의 진자 운동을 효과적으로 이용해야 한다. 또한 진자의 어떤 위치에서 공을 임팩트할지, 또 진자의 받침점 위치를 어떻게 바꿀지 등을 고민하면서 공의 궤도를 조절해야 한다. 요컨대 **어떤 킥이든 큰 틀에서는 차는 발이 자연스럽게 가속되도록 운동하면서 세부**적인 부분을 조절할 필요가 있다.

그러나 밀어내듯이 차라는 지도나 쓸어 올리듯이 차라는 지도는 차는 발의 자연스러운 진자 운동을 저해하며, 부자연스럽고 비효율적인 운동을 유발한다. 실제로는 골반을 뒤로 빼서 진자의 받침점을 뒤로 내리는 것처럼 공으로부터 시간적, 거리적으로 좀 더 먼 위치에서 제어해야 하는데, 공과 가까운 위치에서 차는 발의 움직임만으로 조정하려고 하면 부자연스러운 동작을 만들어내는 결과로 이어진다.

골반을 뒤로 빼면서도 차는 발을 자연스럽게 휘두르면 차는 발을 효율적으로 가속시킬 수 있다.

차는 발을 과도하게 쓸어 올리듯이 움직이면 부자연스럽고 비효율적인 동작이 된다.

인스텝형의 무회전 공

몸을 뒤에 남기면서
발목을 최대한 뻗어서 임팩트한다

지금까지 인사이드로 차는 무회전 킥을 소개했는데, 인스텝으로도 무회전 슛을 할 수 있다. 이 인스텝형 무회전 슛을 사용하는 대표적인 선수가 크리스티아누 호날두다.

무회전 슛을 하기 위해서는 다리를 대각선 위로 끝까지 휘두르며 공의 아래쪽을 임팩트해야 한다. 인스텝 킥을 할 때는 공에 손실 없이 힘을 가하기 위해 발목을 최대한 뻗은 상태로 임팩트한다. 이때 임팩트하는 면의 각도는 정강이 각도와 일치한다고 볼 수 있다.

인사이드 킥의 경우에는 발에서 면이 대각선 위를 향하는 부분으로 임팩트했기 때문에 차는 발의 운동 방향보다 더 위로 힘을 가할 수 있었지만, 인스텝 킥의 경우에는 운동 방향과 힘이 가해지는 방향이 일치하기 때문에 인사이드 킥에 비해 공에 가하는 힘이 대각선 위를 향하게 하기가 어렵다.

또한 인스텝형의 경우는 인사이드형에 비해 골반을 뒤로 빼기 어려운 까닭에 공에 가해지는 힘이 대각선 위를 향하게 하는 두 가지 방법을 사용하기가 어렵다. 그래서 또 다른 방법인 **축발을 뒤로 비스듬하게 기울임으로써 차는 발 쪽 고관절의 진자 운동 받침점이 뒤로 오도록 만드는 것이 더 중요해진다.**

>>> 인스텝형 무회전 킥의 임팩트 형태

발목을 최대한 뻗어서 차는 발의 정강이와 임팩트 면의 각도를 일치시킨다. 몸을 뒤에 남겨, 다리를 위로 향하는 위치에서 임팩트한다.

⋙ 인스텝형 무회전 킥의 임팩트 위치

일반적인 인스텝 킥은 신발 끈의 매듭 근처로 임팩트하지만, 인스텝형 무회전 킥은 그보다 발끝과 상당히 가까운 부분으로 임팩트한다.

차는 발의 임팩트 위치

일반적인 인스텝 킥보다
발끝과 가까운 위치

인 스텝 킥을 할 때는 기본적으로 발등의 뿌리 부분에 가까운 위치로 임팩트하는 것이 좋다고 알려져 있다. 그러나 **무회전을 노릴 경우에는 좀 더 발끝과** 가까운 위치, 가장 **발끝과 가까운 운동화 끈 부근으로 임팩트하는 것이 적절하다.**

발등으로 임팩트하면 보통 공에 백스핀이 걸릴 때가 많다. 그 이유는 인스텝 킥의

≫≫ 발목의 스냅과 회전

발과 공이 접촉하는 범위

처음에 밑동 근처로 임팩트하면 발끝으로 밀어 넣게 되어서 백스핀이 발생한다.

발끝으로 임팩트하면 스냅을 주더라도 회전은 걸리지 않는다.

경우 임팩트할 때 발목의 스냅 같은 움직임이 발생하기 때문이다. 임팩트 위치를 발등으로 설정했을 경우, 발목의 스냅을 넣으면 발등으로 임팩트한 뒤 발끝으로 공의 아래쪽을 밀어내는 듯한 동작이 된다. 이때 공의 중심에서 아래로 벗어난 방향으로 힘이 가해지는데, 이것이 일반적인 인스텝 킥을 할 때 백스핀을 만들어낸다.

한편 발끝과 가까운 위치로 임팩트하면 발목의 스냅을 이용하더라도 발끝으로 두 번 공을 밀어 넣는 형태가 되는 까닭에 회전을 만들어내는 방향으로 힘이 가해지지 않는다. 다만 발끝 근처로 임팩트하면 공으로부터 받는 충격이 발목을 뻗은 방향으로 작용하기 때문에 발목이 공에 밀리기 쉽다. 따라서 발목을 최대한 뻗을 수 있는 토대가 없다면 이 방법으로 차는 것은 어렵고, 차는 발에 큰 부담을 주기 때문에 실제로 경기에서 사용할지는 곰곰이 생각해 봐야 한다.

정 리

무회전, 세로 회전의 공을 차려면?

☑ 공의 아래쪽에 대각선 위 방향(예리한 각도로)의 힘을 가한다

공에 가해지는 힘을 예리하게 대각선 위로 향하려면?

☑ 골반을 뒤로 뺀다

☑ 임팩트 위치는 인스텝과 인사이드 사이

☑ 몸은 뒤에 남겨서 자연스러운 스윙 도중에 임팩트한다

인스텝형 무회전 킥

☑ 발목을 최대한 뻗어서 발끝과 가까운 위치로 임팩트한다

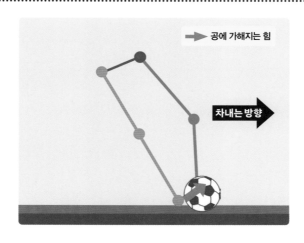

공에 가해지는 힘

차내는 방향

제**6**장

휘어지는 공을 차는 방법

공에 가해야 하는 힘

공의 중심에서 옆으로 벗어난 방향으로 힘을 가한다

가로 회전을 걸기 위한 포인트는 세로 회전이나 백스핀 등과 마찬가지로 공의 중심을 벗어난 방향으로 힘을 가하는 것이다. 즉, 공을 위에서 내려다봤을 때 공에 가해지는 힘의 방향을 나타내는 화살표가 오른쪽 또는 왼쪽으로 벗어나는 것이 포인트다. 그리고 가로 방향의 회전수는 공에 가해지는 힘이 공의 중심을 향하는

GOOD 공에 가해야 하는 힘

위에서 내려다본 그림. 공의 중심으로부터 벗어난 방향으로 힘을 가하면 가로 회전을 걸 수 있다.

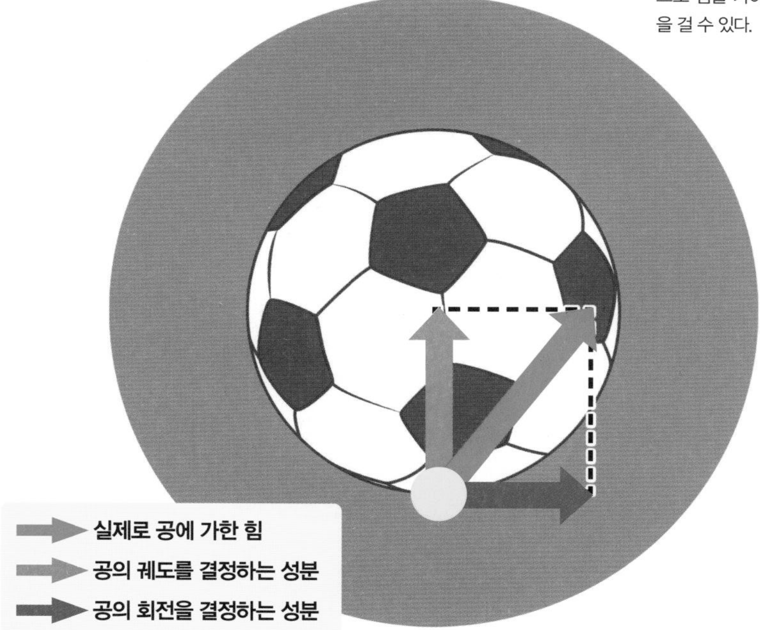
실제로 공에 가한 힘
공의 궤도를 결정하는 성분
공의 회전을 결정하는 성분

방향으로부터 좌우로 얼마나 벗어났느냐에 따라 결정된다.

공을 차내는 방향의 경우 좌우 어느 각도로 차느냐는 공의 높이를 결정하는 요소와 마찬가지로 오로지 공의 어디를 임팩트하느냐에 따라 결정된다. 요컨대 공의 한가운데를 임팩트하면 정면으로, 왼쪽을 임팩트하면 오른쪽 방향으로, 오른쪽을 임팩트하면 왼쪽 방향으로 나아가게 된다.

공을 임팩트하는 위치에 관해서는 가령 왼쪽으로 휘어지는 공을 오른발로 찰 경우 공의 오른쪽 아래를 차라는 식의 조언이 많은데, 이 방법은 차내는 방향이 왼쪽으로 벗어난다는 점에서 부적절하다. 또한 좀 더 오른쪽으로 다리를 휘둘러야 한다고 생각한 결과 가로 회전이 너무 증가하는 바람에 회전과 속도의 트레이드오프가 발생해 느리거나 그다지 변화하지 않는 공이 될 때도 많다. 올바른 방법은 **차내는 방향에 대해 공의 오른쪽 아래가 아니라 중심을 힘의 화살표가 오른쪽으로 벗어나는 방향으로 임팩트**하는 것이다.

BAD 공의 오른쪽 아래를 찬다(오른발)

임팩트 위치가 옆쪽으로 벗어나면 공의 궤도 자체도 옆으로 벗어나게 된다.

좌우로 벗어나도록 힘을 가하는 방법

차는 발의 안쪽으로 임팩트하고 다리를 자연스럽게 휘두른다

공의 중심을 향하는 방향으로부터 좌우로 벗어나도록 힘을 가하기 위한 포인트는 **차는 발의 면을 차내는 방향으로 향하고 차는 발의 운동 방향을 그 방향으로부터 좌우로 벗어나게 해야** 한다.

롱킥에 관해 설명한 장(75페이지)에서, 차는 발의 안쪽으로 임팩트할 경우 슬개골 방향이 바깥쪽을 향하기 때문에 자연스럽게 차는 발을 휘두르면 운동 방향이 바깥쪽을 향한다고 이야기한 바 있다. 롱킥을 할 때는 가로 회전을 주고 싶지 않기 때문에 차는 발의 궤도가 공을 차내는 방향을 향하도록 차는 발의 고관절을 움직여서 조절했다.

휘어지는 공을 찰 때는 롱킥을 할 때처럼 **차는 발 안쪽으로 임팩트하면서 고관절**의 움직임으로 조절하지 않고 그대로 무릎 아래를 휘두르면 가로 회전을 걸 수 있다.

가로 회전의 양은 차는 발의 스윙이 공의 중심을 향하는 방향으로부터 얼마나 벗어나느냐에 따라 결정된다. 가로 회전이 너무 많으면 속도가 줄어들어 실전에서 사용하기 어려운 킥이 되기 때문에 실제로는 롱킥을 할 때와 마찬가지로 차는 발의 운동 방향을 공을 차내는 방향으로 향하게 조절하면서 속도와 회전의 균형을 맞추는 것이 중요하다.

제1장에서 이야기했듯이 가로 회전으로 인한 휘어짐의 변화는 회전수와 속도 양쪽의 영향을 받는다. 따라서 실제로는 그렇게까지 가로 회전이 많이 걸리지 않은 빠른 공을 차는 편이 더 효과적인 경우가 많다.

118

▶▶▶ 가로 회전을 걸기 위한 차는 발의 움직임

차는 발의 안쪽으로 임팩트하면 슬개골 방향은 바깥쪽을 향하게 된다. 이 상태에서 무릎 아래를 휘두르면 차는 발의 운동은 바깥쪽을 향한다. 롱 킥을 할 때와 마찬가지로 고관절을 움직임으로써 바깥쪽으로 벗어나는 정도를 조절할 수 있다.

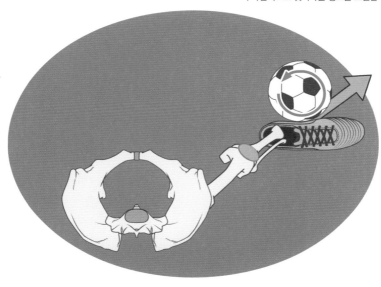

휘어지는 공은 허리를 비틀면서 찬다?

상반신을 비틀어 골반을 멈춤으로써 차는 발의 채찍 동작으로 연결한다

휘어지는 공을 차기 위한 포인트로 허리를 비틀라는 이야기를 종종 듣는다. 애초에 허리를 비튼다는 것이 어떤 의미인지 정확히는 모르겠지만, 여기에서는 골반의 움직임 그리고 이와 관련된 상반신의 움직임과 관련지어 생각해 보겠다.

제2장에서도 이야기했듯이, 차는 발을 효율적으로 가속시키려면 몸의 중심과 가까운 부분부터 끝부분의 순서로 정지시키는 채찍 동작을 이용하는 것이 효과적이다. 골반도 차는 발 쪽이 앞으로 나가듯이 돌린 상태에서 딱 멈추면 넓적다리 아래 부분을 효율적으로 가속시킬 수 있다.

그리고 이 **골반이 돌아가는 움직임을**

단번에 멈추기 위해 필요한 움직임이 상반신을 비트는 것이다. 상반신을 정면으로 향한 상태라면 골반은 수십 도 정도 돌아가지만, 상반신을 어느 한쪽으로 최대한 비틀면 그 이상 골반을 돌리기가 어려워진다. 휘어지는 공을 찰 때 강조되어 보이는 비트는 움직임은 이 골반이 한계까지 돌아간 상태를 만듦으로써 강제적으로 골반을 멈추는 작용을 한다고 생각할 수 있다.

요컨대 이런 비트는 움직임을 이용하는 것의 이점은 채찍 동작을 이용해 차는 발을 가속시키는 데 있으며, 휘어지는 공 이외의 공을 찰 때도 공통적으로 중요하다고 할 수 있다.

≫≫ 상반신을 비틀어서 골반을 멈춘다

상반신을 한계까지 비틀면 그 이상 골반이 돌아가지 않기 때문에 강제로 골반이 멈춘다. 그 결과 채찍 동작이 일어난다.

휘어지면서 떨어지는 공을 차는 방법

몸을 뒤에 남기면서
차는 발을 바깥쪽으로 휘두른다

지금까지 가로 회전을 거는 방법을 설명했는데, 실제 경기에서 크로스나 프리킥 등을 할 때는 가로 방향의 변화뿐만 아니라 세로로 떨어지는 변화도 필요한 경우가 대부분이다.

이 휘어지면서 떨어지는 궤도를 실현하려면 세로 회전을 거는 방법과 가로 회전을 거는 방법을 조합해야 한다. 요컨대 공에 가하는 힘을 위에서 내려다봤을 때 공의 중심을 향하는 방향으로부터 좌우로 벗어나게 하면서 옆에서 봤을 때 공의 중심을 향하는 방향으로부터 위로 벗어나게 하는 것이다. 좀 더 구체적으로 이야기하면, **차는 발 쪽의 고관절을 뒤에 남길 생각을 하면**

서 차는 발을 바깥쪽으로 휘두른다.

다만 이때 회전수를 너무 증가시키지 않도록 주의해야 한다. 3차원상의 운동을 파악하는 것은 어려운 일이기 때문에 수직축과 수평축의 회전으로 나눠서 생각하게 되는데, 실제로는 이 두 운동이 섞여서 일어나기 때문에 각각의 회전을 강하게 주면 실제로는 공의 회전수가 너무 많아져서 속도가 나지 않을 때가 있다. 그러므로 회전수를 적당한 수준으로 조정할 수 있도록 세로 회전을 늘리기 위한 몸의 움직임과 가로 회전을 늘리기 위한 몸의 움직임을 균형 있게 수행할 필요가 있다.

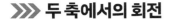 두 축에서의 회전

공을 위에서 내려다본 그림.
공의 중심으로부터 벗어나는
방향으로 힘을 가함으로써
가로 회전을 걸 수 있다.

실제로 공에 가한 힘

공의 궤도를 결정하는 성분

공의 회전을 결정하는 성분

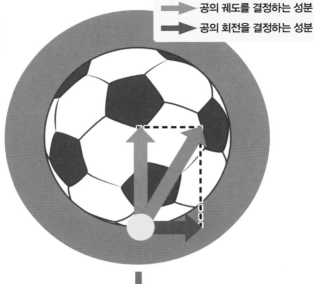

제6장
▼
휘
어
지
는
공
을
차
는
방
법

공을 위에서 내려다봤을
때 힘이 얼마나 옆으로 벗
어나 있느냐에 따라 휘어지
는 방향의 변화가 결정된
다. 회전수가 너무 많아서
속도가 느려지지 않도록 주
의해야 한다.

실제 회전

정 리

휘어지는 공을 차려면?

☑ 공의 중심으로부터 옆으로 벗어난 방향으로 힘을 가한다

☑ 차는 발의 안쪽으로 임팩트하고 차는 발을 자연스럽게 휘두른다

허리를 비튼다?

☑ 상반신을 비틀어 골반을 멈춤으로써 차는 발의 채찍 동작으로 연결시킨다

휘어지면서 떨어지는 공을 차려면?

☑ 몸을 뒤에 남기면서 휘어지는 공을 찰 때와 같은 동작을 한다

제**7**장

낮은 탄도의
공을 차는 방법

공의 중심 근처에서 대각선 아래 방향으로 힘을 가한다

지 구상의 모든 물체에는 언제나 중력이 작용하고 있다. 물론 공도 예외는 아니어서, 공이 공중에서 운동하는 동안에도 항상 아래로 향하는 중력이 작용해

공을 지면으로 떨어트리는 방향의 운동을 끊임없이 일으키려 한다. 그래서 지면과 수평 방향으로 땅을 스치듯이 뻗어 나가는 낮은 탄도의 공은 아래로 향하는 중력에 저항

⋙ 공에 가해야 하는 힘

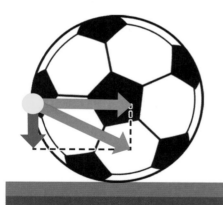

→ 실제로 공에 가한 힘
→ 공의 궤도를 결정하는 성분
→ 공의 회전을 결정하는 성분

공의 중심 부근을 임팩트하면 낮은 탄도의 공을 찰 수 있다. 중심에서 대각선 아래 방향으로 힘을 가할수록 백스핀이 강한 공이 된다.

할 필요가 있는데, 중력에 저항하려면 백스핀을 걸어서 위로 향하는 힘인 양력을 만들어내야 한다.

그러므로 **낮은 탄도의 킥을 할 때는 발사 각도를 낮추면서 백스핀을 걸 필요가 있다.** 공을 차내는 각도는 공의 어떤 높이를 임팩트하느냐에 따라 결정되기 때문에, 발사 각도를 낮게 억제하는 킥의 경우에는 공의 중심으로부터 약간 아랫부분을 임팩트하게 된다.

롱킥의 경우 공의 아래쪽을 임팩트하기 때문에 수평 방향, 나아가 대각선 위 방향으로 힘을 가해도 백스핀이 걸린다. 그러나 **중심과 가까운 위치를 찰 때는 대각선 아래 방향으로 힘을 가해야 한다.** 다만 이미 여러 번 이야기했듯이 회전수를 과도하게 증가시키면 속도가 감소해 원하는 궤도로 보내지 못할 때가 종종 있기 때문에 회전과 속도의 균형을 적절히 맞출 필요가 있다. 속도를 늘리면 적은 회전수로도 양력을 얻을 수 있을 뿐만 아니라 체공 시간이 같더라도 공을 더 멀리 보낼 수 있다.

백스핀으로 발생하는 양력

백스핀이 없으면 비거리가 늘지 않는다!

축발을 공보다 앞에 둠으로써 진자의 받침점을 앞으로 가져온다

차 는 발을 대각선 아래 방향으로 휘 두르기 위한 첫 번째 방법은 축발 을 공보다 앞에 두고 차는 패턴이다.

차는 발의 궤도는 고관절과 무릎관절을 받침점으로 삼은 이중진자의 형태다. 따라 서 차는 발이 대각선 아래로 움직이는 위치

≫≫ 축발을 공보다 앞에 두는 킥 방법

축발을 공보다 앞에 둠으로 써 진자가 내려오는 위치에 서 임팩트할 수 있다.

에서 공을 임팩트하려면 진자의 최하점보다 뒤에서 임팩트할 필요가 있다. **축발을 공보다 앞에 두면 고관절의 진자 받침점을 앞으로 가져올 수 있게 되어 진자가 내려오는 위치에서 임팩트하기가 용이해진다.**

이는 공을 대각선 아래 방향으로 차는 것에 초점을 맞춘 킥 방법이다. 또 다른 포인트인 공의 중심에 가까운 높이를 확보하기 위해서는 또 다른 방법이 필요하다. 이 방법으로 킥을 하면 고관절의 진자 받침점

이 공의 바로 위쪽 부근에 오기 때문에 공을 임팩트할 때 차는 발의 높이가 낮아진다. 이 차는 발의 높이를 올리려면 인스텝 슛을 할 때 발끝이 지면에 박히지 않게 하려는 동작과 마찬가지로 **축발의 위치를 공으로부터 옆 방향으로 떨어트릴 필요가 있다.**

그러므로 축발을 공보다 앞에 두는 패턴에서 축발의 위치는 공보다 앞이면서 옆 방향으로 떨어진 곳이 되고, 이 위치에서 공의 중심을 대각선 아래로 내리치듯이 찬다.

≫≫≫ 축발을 옆 방향으로 떨어트려 발의 높이를 조절한다

축발의 위치를 옆으로 떨어트리면 차는 발의 높이를 조절할 수 있다.

차는 발의 높이를 높일 수 있다

차는 발의 높이가 낮아진다

낮은 탄도의 공을 차는 방법 ②

축발을 공의 바로 옆에 두고 골반을 내리는 움직임을 사용해 차는 발을 아래로 휘두른다

또 다른 킥 방법은 축발을 공의 바로 옆에 두고 롱킥을 할 때처럼 몸을 뒤에 남기며 차는 패턴이다.

공을 찰 때 대각선 아래 방향으로 힘을 가하려면 앞에서 이야기한 축발을 공보다 앞에 두는 방법이 이론상으로는 자연스럽

▶▶▶ 임팩트 전후 골반의 움직임

골반을 끌어올린 상태에서 단번에 내리면 차는 발을 아래로 휘두르는 형태가 된다.

지만, 실제로는 축발을 공보다 앞에 두는 것에 위화감을 느끼는 경우가 많다. 그래서 빠른 백스핀의 탄도가 낮은 공을 찰 때도 축발을 공의 바로 옆에 두고 차는 선수들도 종종 있다.

이 움직임의 장점은 축발을 공의 바로 옆에 두어 자연스럽게 느낄 수 있다는 점이다. 또한 롱 킥의 장에서 이야기한 감속 자세를 만들기가 쉬워져 강한 공을 차기 쉬워진다는 장점도 있다.

축발을 공의 바로 옆에 둔 상태에서 대각선 아래 방향의 힘을 가하기 위한 포인트는 **인스텝 킥을 할 때 이용했던 골반을 끌어올리는 움직임을 적절히 이용하는 것**이다. 차는 발 쪽의 골반을 끌어올림으로써 차는 발의 높이를 높일 수 있는데, 임팩트 직전에 끌어올렸던 골반을 단번에 내리면 차는 발의 운동을 다소 대각선 아래로 향하게 할 수 있다.

차는 발을 공보다 앞의 지면에 떨어트린다는 이미지

정 상급 선수의 저탄도 킥을 관찰하면 임팩트 후에 차는 발이 지면을 스치듯이 움직이는 경우가 많다. 차는 발의 궤도가 고관절과 무릎관절을 받침점으로 삼는 이중진자라는 점을 생각하면, 이처럼 차는 발의 궤도가 긴 시간 동안 대각선 아래 방향에서 수평 방향을 유지하기 위해서는 진자의 받침점 자체가 운동할 필요가 있다. 만약 두 받침점이 모두 움직이지 않는다면 차는 발의 궤도는 옆에서 봤을 때 대각선 위로 올라가는 형태가 될 것이기 때문이다. 앞에서 이야기한 골반을 끌어올렸다가 단번에 내리는 움직임이 이 궤도를 만들어내는 것이라 생각된다.

다만 이 골반을 내리는 움직임은 의식적으로 할 수 있는 동작이 아니기 때문에 실제로는 차는 발을 떨어트리는 위치를 정해 주는 것이 효과적이다. 예를 들어 공의 위치에 차는 발을 떨어트리도록 설정할 경우 (제8장 참조), 차는 발을 대각선 아래 방향으로 상당히 강하게 떨어트리면 공에 백스핀이 너무 많이 걸리는 결과를 초래한다. 한편, **차는 발을 떨어트리는 위치를 공보다 앞으로 설정하면 차는 발의 대략적인 궤도가 대각선 아래로 적당히 향하게 되어 백스핀과 속도를 적절하게 만들 수 있다.**

이처럼 차는 발을 떨어트리는 위치를 설정해 주면 자연스럽게 골반을 올렸다가 내리는 움직임이 만들어지면서, 차는 발의 궤도도 적절하게 유도할 수 있다.

>>> 차는 발을 공보다 앞에 떨어트렸을 때 차는 발의 궤도

발을 자연스럽게 휘두르면서 직선적으로 발을 떨어트리면 공을 임팩트하는 시점에 딱 알맞게 대각선 아래로 깎듯이 힘을 줄 수 있다.

이곳에 차는 발을 떨어트린다

정 리

낮은 탄도의 공을 차려면?

☑ 공의 중심 근처에 대각선 아래 방향의 힘을 가한다

공에 가하는 힘을 대각선 아래로 향하려면?

☑ 축발을 공보다 앞에 두고 자연스럽게 휘두른다

☑ 축발을 공의 바로 옆에 두고 골반을 내린다

실천적인 의식

☑ 차는 발을 공보다 앞의 지면에 떨어트린다

제8장

두둥실 떴다가 떨어지는 공

공에 가해야 하는 힘

공의 아래쪽에
수평 방향의 힘을 가한다

수 비 라인 뒤쪽 등의 공간에 살포시 떨어지는 공을 차려면 체공 시간을 길게 만들 필요가 있다. 체공 시간이 길어지면 그만큼 공중에서 공기 저항을 받는 시간이 길어지기 때문에 공이 지면으로 떨어질 때 확실히 속도가 감속해서 위에서 수직으로 떨어지는 이미지의 공을 찰 수 있다.

▶▶▶ 공에 가해야 하는 힘

공의 아래를 임팩트해서 높이 뜨게 하면서, 회전수가 증가하도록 발을 지면과 수평한 방향으로 휘두른다.

➡ 공에 가한 힘　　➡ 공이 나아가는 방향　　➡ 공의 회전

체공 시간을 늘리려면 공을 차내는 각도를 위로 향하는 방법과 백스핀으로 양력을 얻는 방법이 있다. 차내는 각도를 위로 향하게 하려면 공의 아래쪽을 임팩트한다. 그리고 백스핀으로 양력을 얻으려면 공의 속도를 높이는 방법과 회전수를 늘리는 방법이 있다.

지금까지의 킥에서는 체공 시간을 늘리는 것이 아니라 앞으로 빠르게, 혹은 멀리 날리는 것을 주된 목적으로 삼았기 때문에 회전수가 아니라 공의 속도로 양력을 얻는 방법을 설명했었다. 그러나 이번에 시도할 두둥실 떴다가 떨어지는 공은 체공 시간을 늘리고 앞 방향의 운동보다 위로 향하는 운동을 강조하는 것이 포인트이기 때문에 회전수를 늘릴 필요가 있다. 따라서 **공의 아래쪽을 공의 중심을 향하는 방향으로부터 벗어나도록 지면과 수평한 방향으로 찰 필요가 있다.**

⋙ 회전수를 증가시켰을 때의 궤도

백스핀으로 인해 떠오르는 방향의 힘을 강하게 받는다. 강한 공기 저항을 장시간 받아서 공이 수직 낙하에 가깝게 떨어진다.

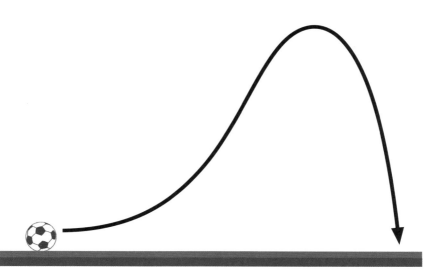

도움닫기로 만들어내는 에너지의 양으로 조절한다

공간에 떨어트리는 공이라고 해도 원하는 거리는 다양하다. 킥의 비거리를 결정하는 요소는 힘을 가하는 방향과 임팩트 직전 차는 발의 속도다. 힘을 가하는 방향을 바꾸면 공의 종류와 질 자체가

달라지기 때문에 여기에서는 차는 발의 속도를 바꿈으로써 비거리를 변화시키는 방법을 생각해 보겠다.

차는 발의 속도를 조절하려면 무릎 아래 스윙 속도를 조절하는 등 시간적으로 임

GOOD 도움닫기로 만들어내는 에너지를 조절한다

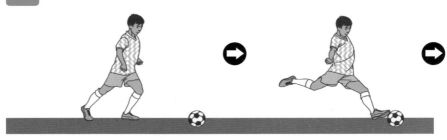

BAD 차는 발의 스윙으로 조절한다

팩트와 가까운 타이밍에 조절해야 한다고 생각하는 사람이 많다. 그러나 이런 방법들은 임팩트의 타이밍이나 위치가 어긋나는 등 또 다른 문제를 유발하기 쉽다. 에너지를 생산해서 전달하는 킥의 자연스러운 흐름을 저해하기 때문이다.

제2장에서 설명했듯이, 킥은 도움닫기로 에너지를 만들어내고 그것을 증폭시키면서 차는 발까지 전달한 다음 임팩트를 통해서 공에 전달하는 동작이다. 따라서 **공에 가하는 힘의 크기를 바꾸려면 애초에 도움닫기로 만들어내는 에너지의 양을 조절해야 한다.** 필요 이상의 에너지를 만들어 놓고 그것을 마지막에 차는 발을 휘두르는 과정에서 조절한다거나 에너지를 부족하게 만들어 놓고 마지막에 차는 발을 강하게 휘둘러서 보충하는 방법은 불필요한 힘이나 불필요한 동작을 만들어내기 쉬운 까닭에 효율적이라고 할 수 없다.

이는 다른 킥도 마찬가지다. 그러므로 비거리와 공의 속도(공에 가하는 힘의 크기)를 조절하려면 도움닫기로 만들어내는 에너지 자체를 조절해야 한다.

자연스러운 에너지 전달을 통한 동작이기에 안정적이다.

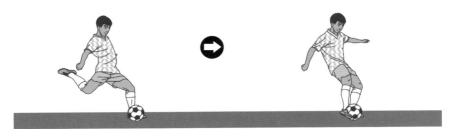

자연스러운 에너지 전달을 저해하는 동작이기 때문에 임팩트가 어긋나기 쉽다.

동작의 상대적인 타이밍을 맞추면 정확도가 상승한다

두 둥실 떴다가 떨어지는 공을 차고 싶을 때, 특히 비교적 가까운 거리의 공간에 떨어지는 공을 차고 싶을 때 차는 발의 속도를 늦추기 위해 동작 전체의 소요 시간을 길게 늘리다가 실수로 이어지는 경우가 많다. 느리게 날아가는 공을 차기 위해 도움닫기도 천천히 하고 축발도 천천히 디디면서 차는 발도 천천히 휘두르는 식이다.

이 방법의 나쁜 점은 타이밍이 무너진다는 것이다. 사람의 동작에는 적절한 타이밍이라는 것이 존재한다. 경쾌하게 공을 차는 동영상을 몇 개 촬영해서 비교해 보면 차는 발에서 축발로 마지막 한 걸음을 내미는 타이밍, 축발을 딛는 타이밍, 임팩트의 타이밍등이 일정하다는 것을 알 수 있다. 이는 그 사람에게는 그 리듬이 자연스러운 동작을 만들어내는 리듬이기 때문이다.

골프공을 치는 방법 중에 "하나·둘·셋"이라고 말하면서 치면 좋다는 이야기가 있는데, 이것 역시 그 사람의 리듬을 몸에 각인시키기 위한 방법이다. **공을 차는 강도나 비거리와 상관없이 동작의 상대적인 타이밍을 맞추면 동작의 정확도를 높일 수 있다.**

정상급 선수의 다이렉트 슛이 터무니없이 골대를 벗어나는 모습을 의외로 자주 볼 수 있는데, 이런 실수의 대부분은 공을 너무 오래 기다리다 동작의 타이밍이 어긋난 상태가 된 것이 원인이다.

>>> 골프의 사례

스윙에 맞춰서 하나·두울·셋이라고 중얼거리며 공을 치는 연습법이 유명하다. 이는 동작의 타이밍을 잡는 데 효과적이다.

>>> 킥의 타이밍

구종이나 차는 강도와 상관없이 차는 발 떼기, 축발 딛기, 임팩트라는 세 점의 타이밍을 맞추는 것이 중요하다.

차는 발을 멈춘다?

차는 발의 스윙이 대각선 아래를 향하면 속도가 저하되고 회전이 증가한다

두 둥실 떴다가 떨어지는 공을 차기 위해서는 임팩트한 순간에 차는 발을 멈춰야 한다는 이야기를 자주 듣는다. 먼저, 차는 발을 멈춘다면 임팩트 순간에 차는 발의 속도가 감소하기 때문에 다리를 끝까지 휘두르는 경우에 비해 당연히 공의 속도가 감소하게 된다. 따라서 공의 속도를 떨어트리고 싶다면 차는 발을 멈추는 식으로 차는 것이 효과적이다.

차는 발을 멈추는 것의 또 다른 효과는 임팩트 순간 차는 발의 운동이 대각선 아래 방향을 향하기 쉽다는 것이다. 차는 발을 멈출 때, 수직 방향의 속도는 차는 발을 지면에 충돌시키면 간단히 없앨 수 있다. 한편 수평 방향은 마찰만으로는 멈추지 않기 때문에 직접 멈출 필요가 있다. 따라서 임팩

트 직전의 차는 발의 속도를 생각하면 수직 방향의 속도만이 남기 쉽다. 그 결과 차는 발의 운동 방향은 대각선 아래를 향할 가능성이 크다. 이에 따라 좀 더 공을 깎듯이 움직여서 공의 중심을 향하는 방향으로부터 대각선 아래로 힘을 주게 되어 더욱 속도가 줄고 회전수는 증가한, 즉 체공 시간이 긴 공을 찰 수 있게 된다.

따라서 **차는 발을 멈추는 킥 방법은 회전수를 증가시키고 속도를 떨어트려서 차고 싶을 때 적합한 방법**이라고 할 수 있다. 다만 공의 속도를 결정하는 절대적인 공헌도는 도움닫기로 만들어내는 에너지가 더 크기 때문에 도움닫기를 통한 조절이 중요하다는 사실에는 변함이 없다.

⋙ 차는 발을 멈출 때의 운동 방향

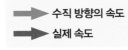
수평 방향의 속도
수직 방향의 속도
실제 속도

수평 방향의 속도만 떨어트
리면 차는 발의 운동은 더
욱 대각선 아래를 향한다.

정 리

두둥실 떴다가 떨어지는 공을 차려면?

☑️ 공의 아래쪽에 수평 방향의 힘을 가한다

비거리를 조절하려면?

☑️ 도움닫기의 강도로 조절한다

➡️ 차는 발을 휘두르는 속도로 조절하면 동작이 부자연스러워 실수가 증가한다

실천적인 의식

☑️ 임팩트 순간 차는 발을 멈춰서 회전수를 늘린다

촬영
모델

가시모토 세리나
樫本芹菜

1993년, 히로시마 현에서 태어났다. 후지에
다준신 고등학교(시즈오카 현)에서 주장을 맡
았으며, 재학 중 세대별 대표로 선발되었다.
U-17 월드컵 준우승 멤버. 고등학교를 졸
업한 뒤에는 미국으로 건너가 대학에서 다각
적으로 스포츠를 공부했다. 분데스리가(독일)
에서도 뛰었으며, 귀국 후에는 마이나비베갈
타 센다이 레이디스에 입단했다. 현재는 나
데시코 리그의 스피다 세타가야 FC 소속으
로 활약하고 있다.

촬영
장소

도키노스미카 스포츠 센터
https://tokispo.com/

스소노 그라운드
우 401-1105 시즈오카 현 스소노 시 시모와다 420-12

도키노스미카 그라운드
우 412-0033 시즈오카 현 고텐바 시 고야마 719

후기

《축구, 올바른 킥 입문》이란 제목을 달았지만, 사실 절대적으로 올바른 킥 같은 것은 존재하지 않는다고 생각한다. 좋은 킥은 그 선수가 몸을 사용하는 방법 같은 개개인의 특징에 따라 달라지며, 같은 선수라 해도 경기 상황이나 목적, 전술적 요구 등 다양한 요인이 영향을 끼치기 마련이다.

실제로 최근의 젊은 선수와 베테랑 선수는 킥 방식의 경향이 다르다. 10년도 전에 활약했던 선수와 비교하면 킥 방식이 크게 달라졌다는 것을 실감할 수 있다. 이는 킥이라는 하나의 기술이 현대 축구의 눈부신 변화에 적응해 온 결과라고 생각한다.

그러므로 진정한 의미에서 킥을 발전시키려면 피치 위에서 요구되는 바를 실현하는 것을 목적으로 삼아서 각각의 형태를 모색할 필요가 있다.

이 책의 내용을 기본적인 이

론과 발상으로 한정한 것은 여러분이 각각의 형태를 모색하기 위한 첫걸음을 내딛는 계기를 제공하고 싶어서였다.

이렇게 말하는 나 역시 현대 축구에서 요구되는 킥이 어떤 것인지 매일 모색하고 있는 사람 중 한 명이다.

또한 좋은 킥이란 무엇인지를 간단히 정의할 수 없는 이상 과학이 개입할 수 있는 범위에도 한계가 있음이 분명하다. 그래서 역학의 지식이나 기본적인 과학의 견지를 최대한 활용하면서도 마지막에는 각자 나름의 독자적인 이론을 전개해 나갈 필요가 있다고 생각한다.

이 책의 내용은 2023년 현재의 내가 세운 독자적인 이론이다. 킥에 관해 더욱 깊이 이해하기 위해 노력하면서 이론을 계속 업데이트해 나갈 생각이므로 책을 읽다가 의문점이 생기거나 다른 의견이 있다면 반드시 나에게 전해 주기를 바란다.

야구나 골프 등 다른 스포츠의 기술에 비하면 축구의 킥은 기술론의 측면에서 이야기되는 경우가 적다는 느낌을 받는다. 그런 논의가 활발해지게 만들어서 현대 축구를 발전시키는 데 도움을 주는 것이 나의 궁극적인 목표다.

이 책이 좋은 킥이란 무엇이냐는 의문에 대한 유일한 대답이 아니라 근거 있는 여러 가지 해석을 만들어내는 계기가 된다면 더없이 기쁠 것이다.

끝까지 읽어 준 독자 여러분에게 감사를 전한다.

다도코로 다케유키

도쿄대 출신 킥 코치에게 배우는
축구, 올바른 킥 입문

1판 1쇄 인쇄 2024년 10월 16일
1판 1쇄 발행 2024년 10월 24일

지은이   다도코로 다케유키
옮긴이   이지호
감수   조세민
펴낸이   김기옥

실용본부장   박재성
마케터   서지운
지원   고광현, 김형식

디자인   푸른나무디자인
인쇄·제본   민언프린텍

펴낸곳   한스미디어(한즈미디어(주))
주소   121-839 서울시 마포구 양화로 11길 13
            (서교동, 강원빌딩 5층)
전화   02-707-0337
팩스   02-707-0198
홈페이지   www.hansmedia.com
출판신고번호   제 313-2003-227호
신고일자   2003년 6월 25일

ISBN   979-11-93712-51-1 13690

책값은 뒤표지에 있습니다.
잘못 만들어진 책은 구입하신 서점에서 교환해 드립니다.